智慧人生丛书

十载传承的
人生格言

领悟人生智慧
拥有快乐人生

Zhihui Rensheng
Congshu

Qianzaichuancheng De Rensheng Geyan

本书编写组◎编

世界图书出版公司
广州·北京·上海·西安

图书在版编目（CIP）数据

千载传承的人生格言/《千载传承的人生格言》编委
会编 . —广州：广东世界图书出版公司，2009. 11（2024.2 重印）
　　ISBN 978 - 7 - 5100 - 1230 - 3

　　Ⅰ. 千… Ⅱ. 千… Ⅲ. 格言 - 世界 - 青少年读物 Ⅳ.
H033 - 49

中国版本图书馆 CIP 数据核字（2009）第 204825 号

书　　名	千载传承的人生格言	
	QIANZAI CHUANCHENG DE RENSHENG GEYAN	
编　　者	《千载传承的人生格言》编委会	
责任编辑	韩海霞	
装帧设计	三棵树设计工作组	
出版发行	世界图书出版有限公司　世界图书出版广东有限公司	
地　　址	广州市海珠区新港西路大江冲 25 号	
邮　　编	510300	
电　　话	020-84452179	
网　　址	http://www.gdst.com.cn	
邮　　箱	wpc_gdst@163.com	
经　　销	新华书店	
印　　刷	唐山富达印务有限公司	
开　　本	787mm×1092mm　1/16	
印　　张	10	
字　　数	120 千字	
版　　次	2009 年 11 月第 1 版　2024 年 2 月第 13 次印刷	
国际书号	ISBN　978-7-5100-1230-3	
定　　价	48.00 元	

让前人的智慧
照亮我们生命的每一天

我们每个人都在汲汲营营地探求生存的根由，追寻着生命最原始最本质的起源；我们时时刻刻都在寻觅，不断把我们的生命疆界向更深更广的范围拓展；我们的思维在时间与空间中穿梭，奔波在琐屑、平凡与恢宏、富饶之间；我们的心情在自己的城堡里百转千回，犹疑着，惶惑着，之后，又一往无前地冲锋着，去征服那幸福的高峰时代。

我们的生命一刻也不曾沉寂，而在我们内心，一直响着一种声音，那是我们生命的最强音，是主导我们所有思想与行动的核心力量。我们每一天都在与环境、与他人、与自我搏击，在这种斗争中攀登生命巅峰。我们每一个人都渴望找到一些可供我们借鉴的前人履迹，让我们在茫然无措之际有一份依托；我们每个人都显得脆弱苍白，除非我们知道我们的心灵并不孤单：曾经有许多人，而将来还会有许多人一样会为困扰我们的问题纠缠，他们每个人都为此拼搏、挣扎。而在我们这套丛书中，采撷的便是千百睿智之士经历了千百次忧伤与困顿之后，对生命、信仰、爱情、友谊等一切与我们相关的种种事物最坦白、最中肯、最真实的诠释。

时间的长河永不止息，远古的文明绵延到今日，沉淀下来的已经是纯粹的瑰宝。沐浴着前人的智慧，我们将体味一种与生俱来的快慰与酣畅。"如果你期望真正的生活，那就不要到遥远的地方，不要到财富和荣誉中去寻找，不要向别人乞求……幸福只靠我们自己，这种幸福就是爱的生活。"托尔斯泰力透纸背，为我们指出了一条充满阳光的路，何谓"爱的生活"，"在那纯真、善良的人心中，找不着堕落、侮辱或任何怨恨的污点……他的生命是完全的，他既不懦弱也不过于大胆；既不役于生活，亦不漠视他的责任；在他身上找不着足以责难或羞辱的地方，这是道德的完善；每天过得有如这是最后一天，安祥、平静，却不漠视自己的命运"。这便是智者笔下"爱的生活"，也是我们应努力追寻的一种境界。在这片性灵自由的天空中，我们感到的是一种纯粹的喜悦。

我们每个人都在思索，在利益与良心的抉择中，我们每个人都很虚弱。选择利益的在拥有高官厚禄、百万家资后，却感到丧失的太多，甚至得不偿失；而选择良心的人却两袖清风，一贫如洗，午夜梦回之际，又有几人不喟叹人生苦短，去日无多？

我们矛盾着，我们挣扎着，我们百思不得其解。于是，在这里，我们找到了睿智的先行者——苏格拉底、柏拉图、泰戈尔、莎士比亚、罗素、叔本华、卢梭、爱默生……他们用自身的经历与体悟炼就的文字，为我们诠释了"生命的真义"，揭开了"人性的迷思"，让我们在"信仰的光芒"下循索，让"爱情的焰火"照亮我们的漫漫征途，困顿之际，"友谊的权杖"给我们支持。在"理智的天空"下，走进"心灵的驿站"，寻找"自由的铭证"，我们再次出发，循着"思索的声音"，追寻"自我的疆界"，在自己的生命中验证"生存的智慧"。

让前人的智慧照亮我们生命的每一天，我们的生命便达到了一种更高的境界：我们快乐，我们满足，我们的生命不再有缺憾。

编　者

智慧人生丛书
ZHIHUIRENSHENGCONGSHU

目　录

　　生活，就是理解。生活，就是面对现实微笑，就是越过障碍注视未来。生活，就是自己身上有一架天平，在那上面衡量善与恶。生活，就是有正义感、爱真理、有理智，就是矢志不渝、诚实不欺、表里如一、心智纯正，并且对权利与义务同等重视。生活，就是知道自己的价值，自己所能做到的与己所应该做到的。生活，就是理智。

——雨　果

　　我们眼前的任何事实，都不如我们以它所持的态度那样重要，因为那会决定我们的成功或失败。你对某件事情思考的方式，可能在你有所行动以前，就已将你击垮。你被事实所征服，只因你以为自己会这样。

——诺曼·文森·皮尔

　　如果我真正爱一个人，则我爱所有的人，我爱全世

界，我爱生命。如果我能够对一个人说"我爱你"，则我必能够说"在你之中我爱一切人，通过你，我爱全世界"。

——弗洛姆

四月　理智的天空 ……………………………………

不该在任何东西上找寻完美，不该向任何东西要求完美，既不该向爱情、美丽和幸福要求，也不应该向德行去要求；只有热爱完美才能成为有德之人，才能达到人类所达到的美丽和幸福的境界。

——缪　塞

五月　友谊的权杖 ……………………………………

假如你能因为我本身而爱我，我们将是比较幸福的，如果你不能，我仍会设法满足你应该得到的东西，我不会把自己的好恶隐藏起来。我将坚信：凡是内心深处的东西均是神圣的，当着太阳月亮的面，凡是我由衷喜悦，内心指派我去做的事，我都会尽力去做。

如果你是高尚的，我会爱你；如果你并非如此，我也不会假心假意，结果去伤害你和我自己，如果你是真诚的，但与我的真诚并不相同，那就去依恋与你志同道合的人，我也会去追求我的同路人，我这样做并非自私，而是出于谦恭与真诚，不管我们已在谎言中生活了多久，现在生活在真诚之中同样有益于你，有益于我，有益于所有的人。

——爱默生

六月　心灵的驿站 ……………………………………

风格是心灵的外在标志，是比一个人的脸更为可靠的性格标志。模仿别人的风格，就像戴上了面具；因为面具永远不会尽善尽美，所以它很快就激起人们的厌恶和憎恨，原因在于面具是无生命的，正因为这个原因，甚至最丑陋的活人面孔也比面具好。

——叔本华

七月 思索的声音 ··························

一个人越是生活，越是创造，越是有所爱，越是失掉他的所爱，他便越来越逃出了死神魔掌的掌握。我们每受一次打击，每造一件作品，我们都从自己身上脱出一点，躲到我们所创造的作品里去，躲到我们所爱的而离开了我们的灵魂中去。

——罗曼·罗兰

八月 自由的铭证 ··························

我并不为别人的意志所束缚，而我自己的意志却如铁链一般地束缚着我，敌人掌握着我的意志，把它打成一条铁链紧紧地将我束缚住。因为意志败坏，遂生情欲，顺从情欲，渐成习惯，习惯不除，便成为自然了。这些关系的铁链——我名之为铁链——把我紧缠于困顿的奴役中。我开始萌芽的新的意志，即无条件为你服务，享受唯一可靠的乐趣的意志，还没有足够的能力去压制根深蒂固的积习。这样我就有了一新一旧的双重意志，一属于肉体，一属于精神，相互交绥，这种内讧撕裂了我们的灵魂。

——奥古斯丁

九月 品格的力量 ··························

光有伟大的品质还不够，还需好好地加以运用。有某些好的品质就像感觉，它们完全是个人内在的东西，既看不到它们又不能理解它们。有的光辉灿烂的行动，如果它并非一个崇高意向的产物，不应把它归入崇高之列。

我们不应根据一个人的卓越品质来判断他的价值，而应根据他对这些品质的运用来判断他的价值。一个十分杰出的功绩的标志是：那些最嫉妒它的人也不得不赞扬它。生来就具有某些伟大品质的人的最可靠标志是生来就没有嫉妒。

——拉·罗什福科

天性脆弱的人会坠入不可预料的不幸，这不是受难者的过失，而是命运和失误者的缺陷；但倘若人们只是由于轻率，对凶兆视而不见，自己投入最深重的灾难，那就无可争辩地属于牺牲者自己的过错了。因此，怜悯、同情和济助只是等待着因命运而失败的人，而等待着那些因自己愚蠢而招致祸患的人只有所有通情达理者的指责和训斥。

——波里比阿

对爱情的渴望，对知识的追求，对人类苦难不可遏制的同情，是支配我一生的单纯而强烈的三种感情。这些感情如阵阵飓风，吹拂在我动荡不定的生涯中，有时甚至吹过深沉痛苦的海洋，直抵绝望的边缘。

——罗　素

当面指责别人是不好的，因为这会令人难堪，而在背后指责人是不诚实的，因为这是欺骗人。最好的方法，不在别人身上寻找坏的东西，忘掉别人的坏处，而在自身寻找不良的东西，并牢牢记住。

对别人的坏事知道得越少，人们对自己就越加严格。

有人说别人的坏话而说你们的好话时，千万不要去理睬他。

——托尔斯泰

一 月
生命的真义

　　生活，就是理解。生活，就是面对现实微笑，就是越过障碍注视未来。生活，就是自己身上有一架天平，在那上面衡量善与恶。生活，就是有正义感、爱真理、有理智，就是矢志不渝、诚实不欺、表里如一、心智纯正，并且对权利与义务同等重视。生活，就是知道自己的价值，自己所能做到的与自己所应该做到的。生活，就是理智。

——雨　果

在电光闪耀的瞬间，我在我的生命中看到了你创造的宏伟——那历尽生死、前生与今世的无限的宇宙。

当我看到我的生命被无意义的时光抓住时，我为我的毫无价值而哭泣；当我看到我的生命掌握在你的手中时，我知道它是宝贵的，不应该在忧伤、退隐中浪费。

——泰戈尔

人如果能够从远处看我们的世界，他可能会因为看到那么多的愚行与憎恨而哭泣。我们做了太多可笑、愚蠢又可憎的事。有的人猎杀野兽，自己却成为野兽；有的人喂粮草给骡、马吃，让他们拖载货物，却对饿死的饥民嗤之以鼻；还有人充斥巨资盖豪宅，却不愿为无家可归的人尽一点心力。有的人只求赚钱，有的人只求享乐，还有一些人专门偷东西。

从这些暴行与罪恶中，可以看到人们只知道自己的利益，从未想过世界上最需要的是什么。

——圣约翰·克雷索斯腾

死和伤对于勇敢的人来说是痛苦，违背了他们的意志，但是他会正视它们，因为这样是高尚的，或者因为不这样做是可鄙的。他越是全面地具有德性，他越是幸福，那么，他想到死亡就越是痛苦。因为对于这样的人来说，生命是值得保留的，他明知会丧失最伟大的好东西，这是痛苦的。

——亚里士多德

人们既然不能治疗死、悲惨、无知，他们便认定了自己的幸福而根本不去想这些。

尽管有着这些悲惨，人还是想要能够幸福，并且仅仅想要能够幸福而不能不想要幸福；然而他又怎样才能掌握幸福呢？为了要好好做到这一点，他就必须使自己不死；然而既然不能不死，所以他就立意不让自己去想到死。

——帕斯卡尔

人，随便怎么分类都可以，不过我觉得最好的区分是：一种人毕生致力于拥有，另一种人毕生致力于有所作为。

——黑格尔

有趣的是，拥有权位的人只能通过别人的眼睛来确认自己的幸福。而如果根据自身的感觉来判断，就很难找到究竟是否幸福的答案。他们能引以为自慰的，只是别人对自己的羡慕和模仿。这使他们得到骄傲和荣誉，尽管与此同时，他们心中的感觉也许恰恰相反。他们会时时感到忧虑，尽管他们只有在结局到来时才能真正意识到自己的错误。

——培　根

真正的科学与艺术有两项非常明确的指标：第一个内在的迹象是学者或艺术家为牺牲、为内心的召唤，不为利益而工作。第二，外在的迹象则是他们的工作必须能被所有人了解。真正的科学研究应该是大家都能接近，而且是当代所有人以为重要的知识；真正的艺术则将这项真理从知识的领域转移到知觉的领域。

——托尔斯泰

保持平静，并看清贯穿你的生命的模式与计划，没有哪件事是不期而遇的。

——卡　迪

有时候，虽然你很想克制激情，但仍然觉得克服不了诱惑，不要因此以为你无法成功，这只不过说明你这个目的失败。好的骑手不会在第一次停不下马匹时就放下缰绳，他会一再拉紧缰绳，直到马终于停下来为止。所以，如果你第一次无法抗拒诱惑，要继续努力，最后占上风的一定是你，不是激情。

——托尔斯泰

现今累积的知识已十分庞大，我们的才能很快就会显得微不足道，生命更是太过短暂，不足以研习这么多的学问。我们有庞大的知识宝藏供我们支配，但学习之后，往往又派不上用场。若能抛弃我们并不真正需要的知识负担，或许更好。

——康 德

人只要开始工作，即使只是最简单、最初级、最不需资格限制的单纯工作，人的灵魂也会跟着平静下来。人只要开始工作，所有的恶魔便会远离，无法靠近他。人这时才是真正的人。

——卡莱尔

对过去的崇拜从何而来？一个个世纪正是反对灵魂的智慧与权威的同谋者。时间和空间不过是眼睛所带来的生理颜色，而灵魂才是光。它在哪里出现，哪里就是白天；它在哪里消失，哪里就是黑夜。如果说，历史不算是关于我存在和生成的悦耳寓言的话，那么，它起码是不得要领和有害的。

——爱默生

任何念头若干扰你感受自己与所有生命体之间的特殊关联，都应该从心中驱除。

——托尔斯泰

在极端专制的君主国里，历史学家们出卖了真理，因为他们没有说真理的自由。在极端自由的国家里，他们也出卖真理，正因为有自由的缘故。这个自由常常产生分裂，每个人因而成为他们的宗派偏见的奴隶，就同他当暴君的奴隶一样。

——孟德斯鸠

如果你不了解在你出生以前发生的事情，你始终只能是个孩子。如若人类的生活不与其祖先的生活结合起来，并被置于历史的氛围中，那它又有什么价值？

——西塞罗

相信能从片段的历史中获得关于历史的正确观点，就等于把活泼而优美的动物四肢割裂看待，并以为已实际看到了生命本身的活动和美妙。

——波里比阿

其实要习得优美的举止，只要做到细心就可以。因为人只要不粗忽，他就自然会乐于观察和模仿别人的优点。礼节要举动自然才显得高贵。假如在表现上过于做作，那就失去了应有的价值。因为举止优美本身就包括自然和纯真。有的人举止言谈好像在作曲，其中的每一细节都仔细推敲过。但这种明察秋毫的人，却可能不见舆薪。也有人举止粗放不拘礼仪，这种不自重的结果是别人也放弃对他的尊重。

——培　根

要记得很多你现在痛恨与轻视的事——过去曾让你热切渴盼不已。

更要记得为了满足过去的欲望，会让你失去多少东西。相同的事仍旧可能发生在现今令你激动的事情上。要驯服你现在的欲望，努力加以驾驭，这是最有益也是最可能达成的事。

——托尔斯泰

如果要说出友谊的全部益处的话，那么只能这样来说："只要你想想一个人一生中有多少事是不能靠自己去做的，就可以知道友谊的多种益处了。"因此古人说："朋友就是人的第二个自我。"但这句话的分量其实还不够，因为朋友并不仅是另一个自我。

——培　根

知识的确是一种非常有用非常重要的品性，鄙视知识的人不过显示了他们自己的愚蠢。不过我却不像某些人那样过分地评价知识，我只相信别人所说的，知识是一切美德之母，而所有罪恶都出自无知。

——蒙　田

人与人之间的和平，是美好生活的前提，而骄傲是和平的最大障碍。人必须谦卑，能够面对不实的指控，愿意接受一切。唯有如此，才能为自己的人际关系以及为别人的生活带来和平。

——托尔斯泰

在自然的生态中，没有任何私心，也没有任何拘束。换句话说，万事万物都能在极自然的状态中推行、进展。连一花一草，也是全然无私的，很自然地开放。看到这么一朵花，有些人或许什么感觉都没有，然而强烈地想保有一颗自然无私之心的人，或许就能从其中获得一点启示。

因此，为了使我们能培养一颗自然的心，其实践的方法便是多接触自然生态及自然现象，学习其纯然无饰的个性。

——松下幸之助

我发现生命既有价值又很适宜，甚至在它最后衰微时亦是如此，我就正在这衰老期中享受生命。自然在这种如此有利的环境中将生命交付我们手中，如果它对于我们竟显得累赘或无益地流逝而去，那么我们只有责怪自己："一个傻瓜的生命是不自在的，畏怯的，全部寄托于未来的。"

——塞涅卡

我享受到两倍于别人享受到的生命，因为享受生命的程度取决于我们向它请求的多少。尤其最近，我领悟到我的生命已如此短暂，便努力从分量上来延伸我的生命。我通过迅速地把握生命来阻止生命的飞逝，通过运用生命的活力来补偿生命的仓促潜逃。我对生命的占有越是短暂，我越必须使它更深沉更充分。

——蒙　田

不要拖延任何现在可以做的善行，因为死亡不会在意你是否已做好应做的事，死亡不会等待任何人或任何事，它没有敌人也没有朋友。

——印度格言

成长是没有必然性的。在文明前进的任何一点上，都有可能发生衰落。当应战敌不过挑战时，衰落就接踵而至。衰落意味着创造力的消失，标志着分化过程和自决的终结。衰落的原因是精神的，不是物质的；是内在的，不是外在的。衰落起于内部的疾病，而且必然先于表面的物质原因而出现。

——汤因比

这人生，如同你现在生活着的和曾经生活过的，你必须再生活一次以至无数次，其间不会有新东西；但是每种痛苦与每种快乐，每一思考与每一叹息，以及你生涯中的一切大事与小事，你都得重新经历一番，而且一切都遵循着同一顺序。如同这蜘蛛与这些树间的月影，如同这顷刻间的自己。生存之永恒的计时沙漏总是重新颠倒过，而你却与其在一起，你这微尘之微尘！

——尼　采

要以爱待人，包括那些对你敌视，让你不高兴的人，爱敌人是对爱的真正考验。

——托尔斯泰

认为人一开始就是文明的，而后来，在这么多的地方，才各自遭受到十足的堕落，那未免把人性看得太低，低到了一个可怜的地步。反之，如果承认进步要比退化更为普通得多；承认人是从一个低微的状态，通过一些哪怕是缓慢的，甚至还有所间断的步骤，在知识、道德与宗教上，上升到他以前从未达到的最高的标准：那倒是一个更为真实也更令人鼓舞的看法。

——达尔文

想要得到赞许和表扬，本来是一种健康的动机。但要求别人承认自己比同伴更高明、更强，或者更有才智，那就容易在心里产生唯我独尊的念头，这无论对个人还是对社会都是有害的。应该让每一个人都作为个人而受到尊重，而不让任何人成为被崇拜的偶像。我自己受到了人们过分的赞扬和尊敬，这不是我自己的过错，也不是由于我自己的功劳，而实在是一种命运的嘲弄。虚荣心有许多不同的表现形式。

——爱因斯坦

一个人知道他生活得不好，但是他不是去改善自己的生活，而是极力地让自己相信，他不是像大家一样的普通人，而是高于他人，因此，他就应该像他现在这样生活。由此可见，那生活得不好的人，往往是骄傲的人。

——托尔斯泰

人应当把做一个幸福而知足的人确立为自己的第一原则。

人只有在想要得到他无法得到的东西时，才是不幸的；如果他想要得到的，是他能够得到的，这时他就是幸福的。

爱默生说，如果一个人对自己的处境不满，他可以用两种方法来改变：改善自己的生活条件，或者改善自己灵魂的状况。前者不是随时都可以做到的，后者则永远随他自己掌握。

——托尔斯泰

简洁讨好愉悦，并且事半功倍。简洁虽有失于草率，却能因礼貌而获得补偿。美好的东西如果显得简洁就是双倍的美好。本来很糟，如能简洁，还不至于太糟。事情的精华比整个混杂的细节更有效。大家都知道一个真理，那就是好谈话的人很少具有明智思维，无论在处理事情本身或其形式方面。

——葛拉西安

闪耀在老人满脸皱纹的腮颊上的一滴眼泪，要比小伙子们的痛哭流涕更令人感动。

年轻人满脸的眼泪，是从心房溢出的水，而老人的眼泪，却是从眼角淌出的生命的残汁，是衰弱体内剩下的最后一点活力。年轻人眼中的泪，是玫瑰花爬上的露珠，而老年人腮颊上的泪，却像在生命的严冬将临之际，狂风任意吹落、卷走的秋天枯黄的树叶。

——纪伯伦

测验人的品质有一个标准，就是他工作时所具有的精神。假使他对于工作，是被动而非自动的，像奴隶在他人的皮鞭督促之下一样；假使他对于工作感到厌恶；假使他对于工作没有热诚和爱好之心，不能使工作成为一种喜悦，而只觉得其为一种苦役，那他在世界上，一定不会有大成就的。

一个人工作时所具的精神，不但与工作的效率与品质大有关系，而且对于他本人的品格，也大有影响。工作就是一个人的人格之表现。我们的工作就是我们的志趣、理想，我们的"真诚"之外在的写实。看到了一个人所做的工作，就是"如见其为人"了。

——爱默生

生活充实的人在被他人视为辛苦与职责中发现乐趣。他们出于自觉自愿，而不是受到强迫。明明知道有刺，但他们仍然倾心于玫瑰。每天都有新意，从来都不是昨天的复制。包括他们自己，没有谁的今天是他或她的昨天。生活充实的人迫切盼望新领悟的出现，因为，他的观念永远处于发展状态，而不是一成不变。这种领悟将使他们和他们看待现实的观念获得新生。

——鲍威尔

当一个人不负有实际责任的时候，批评一个方案或提出一个方案都是很容易的。但是，同样一个人，如果把做决定的权力交给他，而且他必须对其决定负责，他很快就会认识到，这个任务是多么地艰巨。

——普里尔

人的环境一变，朋友也就会有所变换。若算一下所交朋友的总数，肯定相当可观，但友情能始终坚持如一的例子，在绝大多数的情况下是找不到的，或者顶多有个把人而已。

——池田大作

在重要的生命问题方面，我们永远孤单。我们最深刻的内在思想是别人所无法了解的，我们灵魂深处上演的最佳戏剧是独白，或是神与我们的良心以及我们自己之间的真诚对话。

——阿密耶

在真实的生命中，幻觉只能片刻转化我们的生活。但在思想与理智的领域中，错误的观念可能几千年来都被奉为真理，让许许多多的民族成为笑柄。它不仅使得人类的高贵愿望哑然无声，更让人民变成奴隶，善于说谎。这些错误的观念是历史上的贤人试图打倒的敌人，真理的力量很强大，但胜利却难以获得。然而，一旦胜利，就再也不会失去。

——叔本华

假若你没能享乐过，假若你不知享乐为何物，不能觉察享乐的优雅、魅力和销人魂魄的美妙之处，就不能夸口你藐视并反抗享乐。我既了解享乐也懂得节制，所以我大概有资格发言。然而，我以为，我们的心灵在老年时比在青年时更易招致讨厌。年轻时我说过同样的话，但当时我因嘴上无毛而遭非难，现在我这样说，则我灰白的头发就给我一定的权威。

——蒙　田

幸福不表现为造成别人的哪怕极小的一点痛苦，而表现为直接促成别人的快乐和幸福。照我看来，它在这一方面可以最为简明地表达为：幸福在于勿抗恶、在于宽恕和热爱他人。

——托尔斯泰

一个人快乐与否不是由他拥有的财富与黄金多寡决定。人的快乐与痛苦存在于灵魂之中。贤人在任何国家都感到自在，对高贵的灵魂而言，整个宇宙都是他的家。

——德谟克利特

说到底，人只有两个欲望，生的欲望和死的欲望。超越了它们便成了纯粹的人。那时，我没有任何欲望，成了一个完人。到了那时，我就像一朵玫瑰，在纯粹的调和、纯粹的理解中得到平衡。存在的永恒特征就是理解。当我充分理解时，我的肉体、血液、骨头、精神、灵魂和激情便融为一体，像一朵玫瑰，我成了一个超脱的、完美的人。

——劳伦斯

爱情的忧愁歌唱着，知识的忧愁谈论着，欲望的忧愁悄语着，贫穷的忧愁号哭着。但是，还有一种忧愁，比爱情更深沉，比知识更高贵，比欲望更有力，比贫困更苦涩。不过，它哑然无声，眼睛像星星一样闪闪发亮。那是什么，那就是智慧的忧愁。

——纪伯伦

能否厌恶仰慕我们的人，而仰慕厌恶我们的人，是衡量独立判断能力的最正确的方法。

——S. J. H

有的人居心仁厚、忠诚不变、理想崇高；因为心里没有卑鄙的打算，性子也比人直爽，能够诚实待人，不论对于阔人穷人，都一样正直，一样宽容。这样的人，不论在什么地方都是千百个里挑不出几个来。

——萨克雷

精神的开端始于冬天里的苏醒。对我们来说，理解就是克服。我们有一个死亡的冬天、破坏的冬天、一种崩溃的感伤主义、一个克服和超越的悲剧性经历，冬天般的荣耀。由于透彻地理解了这些东西，我们以苍白、冰冻的花朵，获得一种对死亡的完全理解。当我们意识到死亡就在我们自身中，我们就进入了一个新纪元。

——劳伦斯

我感到逐渐衰弱，所以我趁着我还能觉出心中的烈火，趁着我的脑子还清楚，我就赶快抓紧每一分钟的时间。死亡在等候着我，这就更加强了我对生活的渴望。我不是一小时的英雄。我战胜了自己生活中的一切悲惨遭遇：瞎眼、不能动、剧烈的疼痛。尽管这个样子，我仍然是非常幸福的人。

——奥斯特洛夫斯基

当你遭遇不幸，向邻居诉说时，你正将自己心灵的一部分托付给他。倘若他胸怀宽阔，他会感谢你；倘若他气量狭小，他会鄙视你。

——纪伯伦

生活，就是理解。生活，就是面对现实微笑，就是越过障碍注视未来。生活，就是自己身上有一架天平，在那上面衡量善与恶。生活，就是有正义感，爱真理，有理智，就是矢志不渝、诚实不欺、表里如一、心智纯正，并且对权利与义务同等重视。生活，就是知道自己的价值，自己所能做到的与自己所应该做到的。生活，就是理智。

——雨 果

人们不应该轻视自相矛盾的东西。由于自相矛盾是思想家激情的源泉，不自相矛盾的思想家就好比一个没有感情的恋人，一个毫无价值的平庸者。但激情在其至高点时总是情愿自身猝然下降，因此寻求冲突也是理性的至高激情，虽然这种冲突必须以这种或那种方式显示自身的毁灭。思想的最高的自相矛盾，是企图发现思想无法思考到的东西。

——克尔凯郭尔

灵魂是真理的接受者和揭示者。我们一旦看到真理，我们就认识真理；让怀疑论者和嘲弄者去说他们愿说的吧。当你说出愚蠢的人不愿听的话时，他们就会问你："你怎么知道它是真理，而不是你们自身的谬误呢？"当我们从观点中发现真理时我们就认识真理，就像当我们觉醒到我们是觉醒时我就认知着一样……我们比我们的认识本身更聪明。

——爱默生

我希望对于我尚不了解的东西，能像"三加七等于十"一样确实起来。当然我不会愚妄到说这一点也不知道，但我要求其他一切东西，无论是我感官接触不到的物质的东西，还是那些我除了用物质的方式就不知道怎样去理解的精神的东西，都能同样地确定起来。通过信仰，我或许可以得到拯救，由此，我心灵之眼将会更明亮，使之趋向神所共有的永恒和无缺的真理。可是，犹如一人受了庸医的害，往往对良医也不敢信任；同样，我灵魂的病，本可以借信仰来医治，但由于怕信仰错误的东西，便不愿治疗，拒绝你亲手配制的、施予世界各地病人的、具有神效的信仰良药。

——奥古斯丁

过着理智生活的人，就像行人提着灯笼照亮前路，永远不会走到暗处，因为理智之光一直走在他的前头，这样的生活也无需畏惧死亡，因为灯笼会照亮前路直到最后一分钟，你可以终其一生安详、平静地跟着走到生命的尽头。

——托尔斯泰

给人幸福的不是身体上的好处，也不是财富，而是正直和谨慎。

凡想安宁地生活的人，就不应该担负很多的事，不论是私事还是公事，也不应该担负超乎他的能力和本性的事。甚至当命运向他微笑并似乎要把他引向高处时，也还是小心为妙，不要去触动那超过他的能力的事。因为中等的财富比巨大的财富更可靠。

愚蠢的人是按照命运提供给他们的好处来安排生活，但认识这些好处的人们是按照哲学所提供的好处来安排生活。

能使愚蠢的人学会一点东西的，并不是言辞，而是厄运。

不要企图无所不知，否则你将一无所知。

实际上我们丝毫不知道什么，因为真理是隐藏在深渊中。

——德谟克利特

生命是一去不复返的！眼前保得了的切莫放手；一放手，你就永远找不回来。死使你变成空人，就像那些树木落掉叶子后的空枝一样；终于越来越空，连你自己也凋谢了，也落了下来。

——高尔斯华绥

噢，幻想的力量，能创造生命的幻想，真应该祝福你啊！生命……什么是生命？它并不是像冷酷的理智和我们的肉眼所见到的那个模样，而是我们幻想中的那个模样。生命的节奏是爱。

——罗曼·罗兰

有人问一位智者，什么是生命中最重要的时间、人与事。他说："最重要的时间是现在，因为人在此刻有力量控制自己；最重要的人是现在与你交涉的人，因为谁也不能保证你还会与世上的任何人相遇；最重要的事是爱这个人，因为每个人来到世上的唯一目的就是去爱别人。"

——托尔斯泰

二 月

信仰的光芒

我们眼前的任何事实，都不如我们对它所持的态度那样重要，因为那会决定我们的成功或失败。你对某件事情思考的方式，可能在你有所行动以前，就已将你击垮。你被事实所征服，只因你以为自己会这样。

——诺曼·文森·皮尔

不管由于无知还是由于坏的欲望，如果行动本身损伤了别人，那它就是有害的。如果我们从社会的观点来讲，就可以把"坏"欲望解释为可能阻挠他人欲望的欲望，更确切地说，就是阻挠他人的欲望多于帮助他人的欲望。由于无知而造成的损害无须赘述；这里，唯一需要的是更多的知识，因此改善之路在于更多的研究、更多的教育。但是，坏欲望造成的损害倒是个更加困难的问题。

——罗 素

无论自然赋予我们的心灵什么恶的倾向，或赋予什么能使别人喜欢的情感，精致的教养会教导人们把这些天生的倾向对立起来，使它们引起的举止保持某种不同于自然天性的有情趣的外貌。

——休 谟

所谓信仰就是对现在和未来的一种深挚的安全感，而这种安全感是源于某一个无限大的、全能的、而又不可探究的实体的信赖。只要这种信赖坚定不渝，一切都不成问题了。

——歌 德

若能依循梦想的方向满怀信心地前进，并竭力去过自己所憧憬的生活，便能获得出乎常日意料之外的成功……你若在空中造了楼阁，你的努力便不应迷失。楼阁原该在那里，现在只需在它们下面打基础。

——梭 罗

一定程度的梦想，正如适量的镇静剂，是好的。它可以使在工作中发烧，甚至发高烧的神智得到安息，并从精神上产生一种柔和清凉的气息来修整纯思想的粗糙形象，填补这儿和那儿的漏洞和罅隙，连缀段落，并打磨想象的棱角。但过分的梦想能使人灭顶下沉，干精神工作的人而让自己完全从思想掉入梦想，必遭不幸。

——雨 果

如果一个人不被别人尊敬的话，他是不会被别人喜欢的。爱比恨更敏感，爱和荣誉搭配得并不很好。所以一个人不应该期望太大以致被人恐惧，也不应该期望太大被人喜欢。爱增进信心，而信心越增进，尊敬之情越退缩。宁愿别人以尊敬表示其爱，也不愿意别人以热情表示其爱，因为前者是一种适合很多人的爱。

——葛拉西安

不要太拘泥于道德，否则你一生都活在自欺当中。

——梭 罗

每个人都知道，我们的习惯会因为不断练习而改善与加强。想成为善走的人，必须走不少的路；想成为出色的跑者，必须经常练跑；想成为敏锐的读者，更需要尽可能多地阅读。人的灵魂也是一样：如果你发脾气，你必须知道这不仅是件坏事，而且你正在培养一种坏习惯，并加强你继续作恶的潜能。

——艾匹克蒂塔

生命的意义只对愿意接受事实真相的人启示，这样的人已经决定要接受任何揭示的真理，但改变他们既有生活方式的是他们自己，不是真理本身。

——托尔斯泰

每只鸟都知道该在哪里筑巢。如果鸟儿知道如何以及该在何处筑巢，这表示它已经掌握生命的目的。人是所有创造物中最聪明的一种，却为何不了解每只鸟都知道的生命目的。

——中国格言

如果你期望真正的幸福，那就不要到遥远的地方，不要到财富和荣誉中去寻找，不要向别人去乞求，为了幸福，既不要卑躬屈膝，也不要与他们争斗。用这些方式只能捞到财物、官衔和各种不必要的东西，而人人需要的真正幸福，从别人那里是得不到的，既买不到，也讨不到，即使得到了也徒劳无益。你要知道，一切你自己无法获取的东西，都不是你的，你也不需要。而你所需要的，你随时都能自己获取——只要用你善的生活。是的，幸福既不靠天，也不靠地——只靠我们自己。世界上只有一种幸福，我们所需要的也只是这种幸福。这种幸福是什么呢？就是爱的生活。得到这种幸福是很容易的。

——托尔斯泰

那种信仰，他们为了它怀着准备接受苦难的欢乐和伟大的自尊心，的确是坚定的信仰；但它不过使人联想到穿旧的衣服。旧衣服因为染透了各种污秽，对于时间的侵蚀，它才多少有点抵抗的力量。思想和感情，习惯了狭隘的偏见和教条的封皮，纵使扯去了它的翅膀，去掉了它的手脚，它还是可以舒舒服服、快快乐乐地活下去。

这种根据习惯的信仰，是我们生活中最可悲最有害的现象之一。在这种信仰的世界上，好像在阳光照不到的石坯下一样，一切新的东西，都生长得缓慢而曲折，发育不良。在这种黑暗的信仰中，爱的光是太少了，而屈辱、憎恨、怨毒和猜忌却太多了。这种信仰所燃烧的火，好像是腐物中发出来的磷光。

——高尔基

丢颗石子到很深的河流中，并不会激起太大的水花，有信仰的人如果因为别人的批评而受伤害，那他并不是河流，只不过是个浅浅的池塘。你若宽恕别人，别人也会宽恕你。

——沙　迪

每个人据说都有他自己的抱负。这种说法对也好，不对也好，反正我要说我最大的抱负就是真正受到我的同胞们的尊敬，办法就是使我自己值得他们尊敬。我能在多大程度上实现这个抱负还有待分晓。我年纪轻，你们许多人对我不了解。我出生于而且始终处于最低下的阶层。我没有富有的或有名望的亲友为我推荐。我的情况完全取决于国内有主见的选举人；如果我当选，这就是他们给了我恩惠，我将不遗余力以求报答。但是，如果善良的人们高见卓识，认为我以隐居幕后为宜，那我反正已习惯于失意，不会过分懊丧。

——林　肯

希望是灵魂的一种内在倾向，它要使灵魂相信，灵魂要求的东西将会实现这种倾向是由精神的一种特殊动机造成的，也就是由混合在一起的欢乐动机和欲望动机造成的。恐惧是灵魂的另一种内在倾向，它要说服灵魂相信，灵魂希望的东西是不会实现的。我们还应该注意到，虽然这两种情感是矛盾的，但不管怎样，我们可以同时具备两者。

——笛卡儿

没有机会，这是失败者的推诿，许多名人的成功，他们都是用自己的能力去创造机会的。富尔顿由发明小小的推进机而成为美国的大工程师，法来特靠着药房里几个药瓶，成了英国大化学家，夏夷发明的缝纫机，贝尔发明的电话，都是只从简单的几件工具而来。

要是你只在等待机会，等待人家的提拔，等待别人的帮助，你一生将永远不会发迹。

也许有人以为机会是事业的钥匙，获得了钥匙，于是事业便得成功。但是，事实上却并不是这样。不论做什么事，即使有了机会，还是要你的才能去努力，要用你的精神去苦干。你的才能是潜伏在你的体内，你必须自己把它们表现出来。

等待机会，是一件极笨拙的行为。你不要以为机会像是一个到你家里来的客人，他在你的门前敲着门，等待你开门把他迎接进来。恰恰相反，机会是一件不可捉摸的活宝贝，无影无形，无声无息，它有时潜伏在你努力工作中，有时徘徊在无人注意的境地里。你假如不用苦干的精神，努力去寻求，也许永远遇不着它！

——卡耐基

如果我们选择了最能为人类福利而劳动的职业，我们就不会为它的重负所压倒，因为这是为全人类所做的牺牲；那时我们感到的将不是一点点自私而可怜的欢乐，我们的幸福将属于千万人，我们的事业并不显赫一时，但将永远存在，而面对我们的骨灰，高尚的人们将洒下热泪。

——马克思

在这个世界上，他们本来便无足轻重，没有什么成就，有的只有错误、失败和愚蠢，也没留下一点他们存在的痕迹——这个世界会哀悼他们一天，然后永远忘掉他们。然后另一批人替代他们，重演他们所干的事，走着同样一条无益的道路，像他们一样消失——给另一批、又一批、千百万批的人让路，让他们穿越同样的沙漠，走着同样不毛的道路，完成那第一批芸芸众生以至于后来所有的人完成的事——虚无！

——马克·吐温

那些惯于由情感进行判断的人并不理解推理过程，因为他们想一次就能看透而不习惯去探索原则。而另一些人则相反，他们习惯于由原则出发来进行推论，不理解感觉的东西；他们只寻求原则，而不能一见就明。

——帕斯卡尔

如果我们由于不能确定地认识一切事物，就怀疑一切的话，那么，我们的做法，正如一个人因为无翼可飞，就不肯用脚走路一样，真是太聪明了。

——洛　克

的确，真正的信仰的考验，就在于看看它是否具有诱使和指挥心灵的力量；就像自然规律对双手的活动的控制一样，我们在遵从指挥中发现了快乐和荣耀。

——爱默生

把人逼疯的不是今日的经历，而是对昨日的追悔，以及对来日的忧惧。

——伯特德

我决不会敌视与我对立的意见。我迄今并不迁怒于发现我的判断与他人的判断之间的不一致；也不因为有些人出于与我不同的情感和党派就和他们势不两立。相反，既然多样化是自然遵从的最普遍的态势，而且就心灵是一个充实的供应者和对形式具有感性的东西看，它比肉体还更具有多样化；因而，我很难发现我们的性情和计划是一致的。而且，在世界上绝不存在两个相同的意见，就像不存在两根相同的头发和两粒相同的稻米一样。它们最普遍的性质就是差异。

——蒙　田

我理解的东西，我信仰它们；但我并不理解我所信仰的所有东西；因为，我认识所有我所理解的东西，但是我并不认识所有我所信仰的东西。而且，我仍然不理会信仰我所不认识的许多东西的用途何在。虽然大多数事物对我来说依然不能认识，但是，我的确认识了信仰本身的有用性。

——奥古斯丁

真理一旦向他自身回复，她的作用或许会发挥得更充分。真理绝不是出于伟大人物的权力的恩赐，因为她了解他们甚少，更谈不上欢迎了。她也不需要借用法律去施教，而且也不需要任何强力去保证她进入人们的心灵。的确，谬误的流行需要外在的，借助他力的帮助。不过，如果真理不能通过其自身的努力进入理解活动，那么她将比加于她的任何强力更脆弱。

——洛　克

真理这件东西可以说是无隐无饰的白昼之光，它显露的并不是世间那些假面、嬉笑和胜利者的荣耀，而是像烛光那样平静和优美。真理在世人眼中的价值如同一颗珍珠，它在白昼是最好看的东西；但是它绝够不上那在各种不同的光线下闪闪发光的钻石和红玉的价值。一个掺杂了其他东西的谎言反而容易招人喜爱。

——培　根

不看内心素质光凭外貌我们怎能正确地将人识别？我们两人谁优谁劣？谁应该向对方让步？谁更聪明？但是，我和他一样聪明。我们必须要为此决一雌雄。他有四个仆人，而我只有一个仆人。这一点可以看得很清楚，我们只需要数一数。这下该我做出让步，如果我与事实抗争那我就是一个傻瓜！通过这种方式，我们实现了和平。和平真是最大的快乐！

——帕斯卡尔

竞争赶超是一种痛苦，由看到他人有与我们类似的本质，却有了好事善行这一情况造成的。而且这些好事善行极有价值，对我们来说也是可能获得的。但有竞争赶超的感觉不是因为他人有了好事善行，而是因为我们自己没有。因此，它是一种由善人感觉到的好的感情，而嫉妒则是由恶人感觉到的坏的感情。

——亚里士多德

希望本身是一种幸福，也许是这个世界给予的主要幸福。但是，像其他所有不适当享受的快乐一样，希望过了分必将受到痛苦的惩罚；过分沉湎于期待必将最终导致失望。如果人们问，何谓危险的过分期待呢？对此的很好回答是，这种期待不是理性的，而是受着欲望的控制；期待的产生不是生活的普通事件，而是期待者的要求；这种期待改变了事物的一般过程，而且破坏了行动的普遍规则。

——约翰逊

失望——我们如果想到一种善的事物是不能达到的，就会发生起失望来。失望在人心上的作用是因人而异的，有时它能产生一种不安或痛苦，有时它能使人平静或懒散。

——洛 克

灵魂禁闭于自身之中，只能感觉不适，
它应静候和漫游在将来的生活之中。

——蒲 柏

毫无理由要求怜悯的人是一种有理由不应被怜悯的人。总是为我们自己而痛惜绝不是应得到痛惜的方式。依靠不断地摆出可怜的样子，我们不能赢得任何人的怜悯。在活着时装死的人，就会在死时还被认为活着。我曾看到，在告之某些人他们的气色很好，脉搏很正常时，他们却暴跳如雷，我还看见他们强迫自己不发笑，因为发笑就让人看出来身体恢复了，甚至他们还恨自己身体状况良好，因为这会影响他们得到怜悯。对此还能说什么呢，只有一件事：他们并非妇女。

——蒙　田

怜悯属于悲哀一类，它与对某些人的爱或善意纠缠在一起，这些人，我们认为受到了他们本不应受到的某种苦难的折磨。由于其对象的不同，它和嫉妒是对立的；它还和嘲弄是对立的，因为嘲弄在考虑其对象时有着完全不同的方式。那些感到自己非常软弱，并易受厄运摆弄的人，比他人更倾向有这种情况，因为他们认为他人受到的苦难也有可能发生在自己身上。因此，他们更多的是怀着对自己的爱怜，而不是对他人的爱怜被推动着去怜悯。

——亚里士多德

当一个人对你做了坏事，然后马上用善恶观去检查他所做错的事，你一看到这种情况，你会怜悯他，你不会大惊小怪，或有什么恼怒。

——奥勒留

愚蠢使我们习惯于以他人的目的而不是我们自己的目的为生。同时，我们的本性有那么多的嫉妒和刻毒，以致我们从我们自身获得的快乐总没有我们因为他人的苦恼来得强烈。

——普鲁塔克

我认为一切有关这个世界上高尚生活的描述，都应当以动物的活力与本能为某种基础；没有这个基础，生活就变得单调平淡、索然无味。文明应当是在上面增加一些内容，而不应该取代它；禁欲主义的圣徒和超然独处的贤哲在这方面算不上完整的人。

——罗　素

生活要走向自己的目标，而且要求人们有所作为，但人们却当了自己懒惰的俘虏，使生活的前进速度受到阻碍。……必须做的事情已经到了可以做完的时候，但却没有完成，因为缺乏从事共同的和神圣的事业的人手，缺乏从事扩大生活的事业的人手……人们落后于生活。

——高尔基

我相信人是被损害了，他损害了他自己。他几乎迷失了那可以领他回去，恢复他的特权的亮光。人们成了无足轻重的东西。历史上的人，今日世界的人，是虫豸，是鱼卵，他们被称为"群众"或是"羊群"，在一个世纪里，在一千年里，只有一两个人：那就是说只有一两个近似每一个人的正规状态的人。

——爱默生

当某人拥有了财富、权力或名誉时，他或许会说他有了他所要的任何东西，然而这并不能改变他实际需要某些东西来导引一个好的人生的事实。比起一个隐然患有营养不良的人，而尽情地饱食他所喜爱的一餐，还是一样的。

决定什么东西对我们是好的，这是人性。有些东西或许表面上看来对我们是好的，因为不管是对是错，碰巧是我们所向往的，但是要实现我们的本性，所谓对我们真实是好的东西是那些我们应该向往的，不管我们做了没有，社会的习尚或私人的嗜好对此不能有所改变。

——阿德勒

对于使我们感到恐惧的事情，应抱以坚强的意志加以冷静思考，这是唯一可行的处理办法。人们应该对自己说："是的，好吧，死亡是可能发生的，但那又怎么样呢？"像在战争中阵亡这样的情况，人们就达到了这样的境界，因为他们当时坚信，无论自己或亲人为战争捐躯都是值得的。

——罗　素

在一个哲人的生活里，行动隶属于思想之下，但也是必需的。他没有行动，就不能算他是一个人。没有行动，思想永远不能成熟而化为真理。世界像一层美丽的云一样悬挂在我们眼前，我们甚至看不见美丽。不活动，就是怯懦；没有勇敢的脑筋，就不是哲人。

——爱默生

一个人必须为了自己的事业保重自己，必须深知通向自己事业的道路。一个人，就像船上的领港员，在青年时代，好像涨大水的时候一样，要笔直向前！对你，到处都是路，可是，你得知道什么时候该掌舵……等到水退了，就要看清楚，哪儿有浅滩，哪儿有暗礁，哪儿有岩石；这一切都必须计算到并且及时绕过去，才能安安全全到达码头。

——高尔基

立志是一件很重要的事情。工作随着志向走，成功随着工作来，这是一定的规律。立志、工作、成功是人类活动的三大要素。立志是事业的大门，工作是登堂入室的旅程。这旅程的尽头就有个成功在等待着，来庆祝你的努力结果。

——巴斯德

我们的生命，本是天地万象间的普遍的生命，但如果这生命的力在一个人中，给了其"人"显现的时候，这就成为个性而活跃了。在里面烧着的生命的力成为个性而发挥出来的时候，就是人们为内在要求所催促，想要表现自己的个性的时候，其间就有着真的创造的生活。所以也就可以说，自己生命的表现，也就是个性的表现，个性的表现，便是创造的生活罢了。

——布瑞南

工作就是人生的价值、人生的欢乐，也是幸福之所在。

——罗　丹

过于专一地想着任何一个问题都是错误的，特别是当我们只能思考而不能付之行动时更是如此。当然，我们可以设法延长我们的生命，而且在一定限度内，每个正常的人都可以这样做。然而我们不能最终免于一死；因此，沉思死亡是一个无益的问题。再说，它会泯灭人们对别人和别的事的兴趣，唯有对外界事物抱有兴趣才能保持人们精神上的健康。对死亡的恐惧心理会使人感到他是外在力量的奴隶，而从一个奴隶的心理中是不会产生什么好结果的。如果一个人靠沉思能真的医治他对死亡的恐惧心理，那他就会不再沉思这个问题；然而只要他老是想着这个问题，那就证明他

并未克服恐惧。

——罗　素

人生是残酷的，一个具有热烈的、慷慨的、多情的天性的人也许会轻易被比较聪明的同伴所欺骗。那些生性慷慨的人常常因为他们的慷慨而做错了事，常常因为对付仇敌太过宽大，对朋友太过信任，而做错了事。慷慨的人有时会感到幻灭而跑回家去，写出一首悲苦的诗。……这种热烈慷慨的心性应该由一种哲学加以保障，以免受人生的环境所摧残。

——林语堂

紧张忧虑，没有把握的人，是用规则和条例来铺设通往成功之路。他们可能握有权力来控制别人，并使得他们把橡皮圈和回形针都以最有条理的方式来存放。但是在达到有意义的目标之时，他们却很可能不知所以。而有创意的思想加上幽默力量，却能铺设真正成功之路，使人免于困惑，并帮助人发展领导能力以激励他人。

有人也许只从某一观点来看创造力，认为创造力的意思就是创作一部巨著、绘画或作曲或雕刻。要不然就是指科学上的伟大发明，或发现某项科学原理。

——特　鲁

我不后悔生在此地，并在这里度过生命的一部分。我认为这样的生活方式是有益的。当生命走到尽头，我将以同样的方式离开，仿佛离开的只是暂住的客栈，不是实际的家园，因为我认为今生的驻留是暂时的，死亡只是过渡到另一个状态。

——西塞罗

在那纯真人善良人的心中，找不着堕落、侮辱或任何怨恨的污点。他不像未把角色演完便离开舞台的演员，因此，不论死神何时来到，他的生命都是完全的，他既不懦弱亦不过于大胆；既不役于生活，亦不漠视它的责任；在他身上找不着足以责难或羞辱的地方。

利用考验来试试一个好人的生活有多好吧——一个对宇宙所给予他的命运感到欣喜，并满足地居于其中的人，只以自己的方式，以仁心对所有的人。

这是道德的完善；每天过得有如这是最后一天，安详、平静，却不漠视自己的命运。

——马可士·奥列利斯

人只有当他表达了他自己，当他利用了他自己的力量时，他才真正是他自己。如果他不能这样做，如果他的生活只是由于占有和使用而不是由存在所构成，那么，他就降格了，变成一件东西了，他的生命就没有意义了。它变成一种受苦的形式。真正的快乐伴随着真正的主动到来，而真正的主动又有赖于人的力量的利用与培养。

——弗洛姆

若想成为人群中的一股力量，便须培养热忱。人们因你心怀热忱而更喜欢你；而你也得以逃离枯燥不变的机械式生活，无往而不利。不会有别的情形，因为人类的生活就是这样，把灵魂放入工作之中，你不仅会发现每天中的每小时都变得更愉快，而且会发现人们都相信你，恰如我们接触到发电机时相信电那样。

——约那桑·阿摩尔

全是理智的心，恰如一柄全是锋刃的刀，使用它的人手上也会流血。

——黑格尔

每一次失败，都是通往成功的一个脚步；每发现错误的所在，便导引我们走向真理；而每个尝试，都会遏止某种诱人的错误。不仅如此，很少有一种尝试是完全的失败；很少有一种理论，那沉着思想的结果，是完全的错误；也没有哪种诱人的错误，不有着某种源于真理的潜在魔力。

——威廉·惠威尔

我们眼前的任何事实，都不如我们对它所持的态度那样重要，因为那会决定我们的成功或失败。你对某件事情思考的方式，可能在你有所行动以前，就已将你击垮。你被事实所征服，只因你以为自己会这样。

——诺曼·文森·皮尔

如不能在某一方面快乐，便应在另一方面快乐；这种处置的便易，毋需多大哲理，因为健康与好心境，几乎是整个快乐所在。许多人在幸福后头狂跑乱追，像个心不在焉的人在搜寻自己的帽子，而它却在自己手中或自己头上。

——威廉·夏普

三月

爱情的焰火

　　如果我真正爱一个人，则我爱所有的人，我爱全世界，我爱生命。如果我能够对一个人说"我爱你"，则我必能够说"在你之中我爱一切人，通过你，我爱全世界，在你生命中我也爱我自己"。

——弗洛姆

不管一个男人是多么热烈地爱着一个女人，不管他是多么信任她，不管她的过去可以使他对未来多么满怀信心，他依旧或多或少地会嫉妒。如果你曾经爱过，认真地爱过，你一定感受过这样一种需要，就是把你想完全独占的人和世界隔绝开来。随便她对四周的人怎样冷淡，那被爱的女人总好像在与男人和与事物接触当中失去她的芳香和她的单纯。

——小仲马

聪明的女人知道，在这个世上她必须为自己的得失负责，她不甘做牺牲品，她会努力去争取自己的理想与目标。聪明的女人深谙男女交往的诀窍，她们追求有责任感而且坦诚的感情。她们知道整个人类已步入新的时代，男女要相互欣赏。

——康诺·高恩

每个女人内心里都向往着爱情，渴望获得受人钟爱的快乐，希望得到保护、提高、同情，这是女人的一种特性。再加上多愁善感和情不自禁，往往使女人难以拒绝对方。这使她们认为自己是在恋爱。由于我们知道只有激情才是永远不变的说服力量，所以情况更是如此。

——德莱塞

女人会爱上一个男人，往往是爱上他脆弱的一面，而那些在个性上具有无可救药的、悲剧性色彩的弱点的男人往往能获得女人最多的钟爱。

——塞　恩

在情感的领域中，真实的与臆想的分不出什么区别。而如果想象中的爱已足使人爱，那么当你爱的时候也许就是你想象中在爱，这样你立刻可以把爱减少一点——或是在你所爱的身上离解一些爱的结晶。但一个人如能那样反省的时候，他的爱不也就不如先前那么热切了吗？

——纪　德

当有情人的爱情不再有任何价值的时候，当发觉放在爱情祭坛上的一切东西都只是白白的牺牲品的时候，生活对于有情人还有什么意义呢？

——德莱塞

谁要是在自己所爱的人儿的眼里没有看见过这样的泪水，他就还没有感受过，当世界上一个人完全陶醉在感激和害羞的情绪之中的时候，能够为自己感到的幸福而高兴到什么地步。

——屠格涅夫

两心相爱的一个表征，是双方天真地拿对方做发脾气的对象。智慧认为这是信赖和放任的证明。小说家经常摆出，妻子有外遇的最初迹象是她对丈夫又变得彬彬有礼，小心体贴。不过我们如果认为这是女方的一种心计，那就错了。其实这是因为妻子不再在丈夫面前放任自己了。

——阿 兰

人生最大的快乐与最深的满足、最强烈的进取心与内心最深处的宁静感，皆来自充满爱的家庭。

——华鲁士

爱情是不假思索的感情，由于欲念或软弱，它猝然而生：爱人的一颦一笑使我们动情，使我们矢志不移。相反，友谊是随着时间、通过接触和长期的交往逐渐形成的。但是，朋友间多年的默契、善意、情谊、关照与殷勤，有时却比不上一张漂亮的面孔或一只秀美的手刹那间的魅力。

——拉布多耶尔

真正的爱情像真正的肉体之爱一样，若要它是纯真的、可靠的，它首先必须是自由的。然而，自由并不意味着感情多变、朝三暮四。亲切温柔的爱情并不是一种只能延续一时半刻的情感纠葛。当感情不受外界约束的干扰，当它充满无所畏惧的真诚，感情就是自由的。

——西蒙娜·德·波伏娃

当一个人爱上另一个人时，如果他认为在一个人身上找到了对他来说比一切都重要的而且往往是难以言传的东西，那么，即使明明看到对方的不足和弱点，他也会无动于衷。

——安德烈·莫洛亚

当爱情关系达到最高点时，不会为周围世界留下任何利益空间，对一对恋人来说，有他们自己就足够了，甚至不需要通常认为能使他们幸福的孩子。在其他任何情况下，爱都不会如此公然地违背他的行为核心，他的百里选一的目标。

——弗洛伊德

一个家庭要采取任何行动之前，夫妻之间要么是完全破裂，要么是情投意合才行。当夫妻之间的关系不确定，既不这样，又不那样的时候，他们就不可能采取任何行动了。

许多家庭好多年一直维持着那副老样子，夫妻二人都感到厌倦，只是因为双方既没有完全反目也不十分融洽的缘故。

——托尔斯泰

生命要求我们彼此相爱。但是，问题在于一个人是因为自己还是因别的什么而被爱。如果仅因其本人，我们欣赏他，如果为了别的利益，我们利用他。对我来讲，好像是为了别的什么利益才被爱的，因为，如果一件事物因其本身而被爱，在享受爱之时是幸福的，至少有得到幸福的希望。即使这不是现实，至少在目前能给我们以安慰。但是，把希望寄托在他人身上是要受诅咒的。

——奥古斯丁

当男人爱着一个女人的时候，他就不能容忍她甚至带着一种表面上的兴趣去想某一个男人。他迫切地希望自己是世界上唯一的在她眼前的人。他希望她不看别的人，不认识别的人，不赏识别的人。她只要回过头去打量一个人，他就在她的目光前面扑过去。如果他不能使她的目光转过来或者完全吸引它，他的灵魂就会感到痛苦。

——莫泊桑

一个人在走到"爱情国"里的时节，仿佛觉得自身变成了舒展的，一种类乎仙境的幸福钻到你身上了！你可知道那为着什么？你可知道那种广大无边的幸福感是从哪儿来的？那都是因为想到自身已经不是孤零零的，于是以为孤立的境界，人类的遗弃仿佛中止了。

——莫泊桑

爱情是一种奇怪的东西，爱情在哪一分钟里敲击了我的心弦？它怎么样深入到我的心田？我不知道，它使我非常惶惑。但我知道我的心，在我第一次看见他的脸、听到他的声音时，它曾经激烈跳动过。我知道，它从未为任何事情激动过。有一个声音轻轻告诉我，这个人就是这颗心的主人，于是我有一种强烈的、痛苦的、甜蜜的感觉，一种热烈的向往——他应该是属于我的，像我的心一样；我应该是他的，像他自身的一部分。假如没有这个结合，生命就没有意义。

——纳吉布·迈哈福兹

爱情是这样一种体验，它使我们的整个身心得到复苏新生，恰像植物久旱之后受雨露滋润一样。但是没有爱情的性爱全然不属这种情况。在瞬间的肉体快感过去以后，随之而来的是疲惫、厌恶，以及生命是空虚的这类意识。爱情是大地生命的一部分；没有爱情的性爱却不属于此。

——罗 素

你可以看到，一切真正伟大的人物（无论是古人、今人，只要是其英名永铭于人类记忆中的），没有一个是因爱而发狂的人。这说明伟大的精神和伟大的事业可以抑制过度的激情。然而罗马的安东尼和克劳蒂亚是例外。前者本性就好色荒淫，然而后者却是个严肃明哲的人。这说明爱情不仅会占领没有城府的胸怀，有时也能闯入壁垒森严的心灵——假如守御不严的话。

——培 根

"爱"这个东西，从最初开始就不是缩头缩尾，见不得人的动物性冲动；也不是像但丁捧着贝德丽采的照片，那种精神上虔诚的崇拜，爱具有这两者的性质并且超乎其上。爱有天使同时也有恶魔的形象，是男与女混合为一的，是人类与动物、至善和极恶。生活在其中是我的定数，品尝这点是我的命运。我一方面憧憬我的命运，一方面也感到恐惧。

——黑　塞

这是唯一值得称为哲学家所下的定义。爱的方法都是交战；爱的基础是两性间的不共戴天的怨恨。

——尼　采

爱不是一般的感情，也不是仅靠思念就可满足得了的。爱是一种心情，是要把所爱的对象置于自己的眼前、身边，希望自己与对方协同一体。

恋爱关系通过写信得以确定；现在又有了克服空间距离的办法，这或许从另一方面又使爱变得更容易得到了，同时使那种在以前说不定会灭亡的爱得以生长、壮大。

——今道友信

我知道，我爱，总有一天你会俘获我的心。通过你天上的星辰，你的凝视深入到我的梦境；月光是你的信使，带来了你的心事，我沉思着，眼中盈着泪水。阳光明媚的蓝天，胆怯的绿叶的颤动，闲散时刻飘来的牧童的笛声，细雨蒙蒙的黄昏，心儿在孤寂中的疼痛，这都是你在向我诉说爱情。

——泰戈尔

当爱向你们召唤的时候，跟随着他，虽然他的路程是艰险而陡峻。

当他的翅翼围卷你们的时候，屈服于他，虽然那藏在羽翅中间的剑刃也许会伤毁你们。

当他对你们说话的时候，信从他，虽然他的声音会把你们的梦魂击碎，如同北风吹荒了林园。

爱除自身外无施与，除自身外无接受。

爱不占有，也不被占有。因为爱在爱中满足了。

当你爱的时候，你不要说"上帝在我的心中"，却要说"我在上帝的心里"。

不要想你导引爱的路程，因为若是你觉得你配，他就导引你。

爱没有别的愿望，只要成全自己。

——纪伯伦

夫妇间的爱情是平等的，因为他们相互间的要求是平等的。悉心侍奉丈夫决不会妨碍真正的平等；它不过把基础垫得高些。要知道，抬高了的平等可以永远保持愉快，它决不会滑跌到鄙俗的水平上去。

——泰戈尔

女人是男人的前程上的一大障碍。爱上一个女人，再要做什么事就很难了。要便利地爱一个女人，不受她一点妨碍，那只有一个办法——就是结婚。正好像你要背上包袱，同时又要用两只手做事，那就只有把包袱系在你背上的时候才有可能，而那是结婚。

——托尔斯泰

男女之间最高尚的爱是自由的、无畏的，是肉体与精神的平等的结合；这种爱不应当因为肉体关系而失去其理想色彩，也不应当因此对肉体关系发生恐惧之心，认为肉体之爱必定阻碍理想关系的实现。

——罗　素

尘世上那些爱我的人，用尽方法拉住我。你的爱就不是那样，你的爱比他们的伟大得多，你让我自由。

他们从不敢离开我，恐怕我把他们忘掉。但是你，日子一天一天过去，你还没有露面。

若是我不在祈祷中呼唤你，若是我不把你放在心上，你爱我的爱情仍在等待着我的爱。

——泰戈尔

初萌的爱情看到的仅是生命，持续的爱情看到的是永恒。

——雨　果

美的爱是爱这种感情本身的美和它们表现的美。对于这样爱的人来说，所爱的对象只有在它能引起一种快感时才是可爱的，他们享受这种快感的意识和表现。用美的爱来爱的人，很少关心相互间的关系，认为这种情况对感情的美和乐趣毫无影响。他们时常变换自己所爱的对象，因为他们的主要目的只不过是经常激起爱的快感。

——托尔斯泰

我可以告诉你，真正的爱究竟是什么。无非是盲目地忠诚，死心塌地地低头，绝对地唯命是从；无非是不顾自己，不顾一切，无言不听，无事不信；无非是把你整个的心儿肝儿魂儿灵儿都交给你的冤家去割去宰。

——狄更斯

如果爱情不是激情，那就不是爱情，而是别的什么东西；激情不是由于得到满足而增长，而是越不顺利越强烈。济慈劝他那件希腊瓮上的画中情郎不要悲伤，你认为他是什么意思？"你会永远地爱慕，她会永远地美丽！"为什么？就因为他没法得到她，不管他怎样疯狂地追求，她依然能躲开他，因为他们俩都被固定在那件可能不很精致的艺术品的大理石上……

——毛　姆

我们都有权要求幸福，有权希望创造天才的作品而得到人们的赞赏。我们为我们的爱情对象而骄傲，指望着我们智力意志的胜利，这都是允许的。但这并不是人的生活的全部。如果对自己的爱没和对别人的爱紧紧联系起来，这种雄心壮志在待人忠诚的情况下本可以战胜一切，但当它处在自私的境地就会受到损害，变得乖戾，随时都有失败的危险。爱情可以把两个融合成一体的人的自私扩大，但是这并不足以使爱情合法化。爱情作为一种手段，一种救助庇护的方式，它是美而神圣的；作为目的和唯一的结果，却是渺小而且不幸的。

——乔治·桑

我知道爱情不及友谊那么苛求，它甚至常常是盲目的，并不因为一个人有什么功绩才爱他的——全都是这样。可是爱情需要某一种事物，有时候需要一些微不足道的事物，这种事物是无法确定、无法称呼的，而它们正是无与伦比，但又笨手笨脚的。这是我感觉惊异的原因。

——冈察洛夫

鸽子追逐着鹰隼，温柔的驼鹿追捕着猛虎；弱者追求勇者，结果总是徒劳无益的。然而我愿死在我所深爱的人的手中，好让地狱化成天宫。

——莎士比亚

只要你脑子里还有哲理，你就不妨放心大胆地去恋爱，不过但愿你在陷得太深之前，设法救出自己——这是希望你幸福的朋友们对你的祝愿。

——泰戈尔

爱情是一种生产形式，创造出一个人与他人、与自己的某种联系。它意味着责任、关心、尊敬和了解，以及希望别人成长和发展的意愿。它在保存双方的完整性的条件下表现了两人的亲密关系。

——马斯洛

爱情的开始与生命的开始，颇有些动人的相似之处。我们不是用甜蜜的歌声与和善的目光催眠孩子吗？我们不是对他讲奇妙的故事，点缀他的前程吗？不是希望对他老展开着光明的翅翼吗？他不是忽而乐极而涕，忽而痛极而号吗？他不是为了一些无聊的小事争吵吗？或是为了造活动宫殿的石头，或是为了摘下来就忘掉的鲜花？他不是拼命要抓住时间，急于长大吗？恋爱是我们第二次的脱胎换骨。

——巴尔扎克

在完美的世界中，每个人都会是别人最充实的爱的对象，这种爱是由愉快、仁慈以及相互了解不可分割地交织起来的。但这并不是说，在现实世界中，我们碰到一切人都应该设法使他们具有这些感情。对许多人我们是不会感到愉快的，因为他们令人厌恶；假如我们硬要违背自己的天性，从他们身上找到美的东西，那就只会削弱我们对自然认为美的东西的敏感。

——罗　素

爱情是一种事业，即向着我的固有可能性而谋划的有机总体。但是，这种理想就是爱情的理想，是爱情的动机和目的，是爱情真正的价值。爱情作为与他人的原则关系是我用以实现这个价值的谋划的总体。

——萨　特

女子就像一曲优美的旋律，而男人则是发出动听旋律的精巧的"乐器"，一个演奏者必须熟悉它的那些颤音音弦，学会定调和配音，以及跳跃多变的弹拨指法，才能奏出这种感人的旋律。许多男人虽已结婚，但并不了解女人，甚至刺伤了她们的心，还无所察觉，这些人在结婚时，对爱情肯定是一无所知的。

——巴尔扎克

在恋爱过程中，为了博取爱人的欢心，他们往往会把自己所有的优点，包括容貌、风度、才学、金钱、权势、地位、名誉，都一起表露出来，和动物园里的孔雀一样，雄的为了诱惑雌的，倾其全力将自己的羽毛展开。

——托尔斯泰

虽然我们走遍世界去寻找美，但美这东西要不是存在于我们的内心，就无从寻找。

——爱默生

虽然爱与知识都是必不可少的，但是在某种意义上，爱是更基本的，因为它会引导智慧的人寻求知识，以便找到如何为自己所爱的人造福的方法。要是人们丧失了智慧，就会满足于相信别人所说的一切，不管他们如何纯真仁慈，可能还会造成危害。

——罗　素

人生来是要独处的——不是在实际上，而是在精神上。有些情感不应向任何人倾诉。即便是美好的、高尚的情感，一旦向别人倾诉，甚至只是让别人猜测到，你就会在他的心目中贬值。当一个人把这样的情感向别人倾诉的时候，他并没有充分意识到它们，他表达的只不过是自己的向往。未知才是最有吸引力的。

——托尔斯泰

如果一个人确信其梦想的方向，并致力于活出他想象的生活，他将在平凡之中迎向成功。

——梭　罗

心灵的爱才是永恒的爱，那儿没有损失，没有别离，没有不幸，没有死亡，尘世中所遇到的完美的形象在这里立即得到永恒的肯定。一切尘世中死亡的，在这里都将得到永生，因它所孕育的爱而复生，并复生在它的爱里——而爱是无穷尽的，犹如天上的极乐无穷尽一样。

——果戈理

一个男人的情书，要照他所喜爱流露出来的热情写成：写得越热情，对方也就越喜爱阅读，一个女人的情书，却要永远充满美妙的暗示——暗示其爱人之可爱；不要只顾诉说自己的爱意，要巧妙地期望更多的爱情来临。

——萧伯纳

当人心最软弱的时候，爱情最容易入侵，那就是当人春风得意，忘乎所以和处境窘困孤独凄零的时候，虽然后者未必得到爱情。人在这样的时候最急于跳入爱情的火焰中，由此可见，"爱情"实在是"愚蠢"的儿子。但有一些人，即使心中有了爱，仍能约束它，使它不妨碍重大的事业。因为爱情一旦干扰情绪，就会阻碍人坚定地奔向既定的目标。

——巴尔扎克

爱意味着人主动深入他人，由深入而达到的结合，平息了我求知的渴望。在和谐相融中我认识了你，认识了我自己，认识了每一个人，但我一无所"知"。通向认识具有生机灵性者的道路仅有一条，一切由和谐相融而非理智所能提供的任何知识，我正是由此而认识、知悉。

施虐狂源于人期望洞悉秘密，但滥施淫威并不能使我摆脱顽冥无知的困境，我肢解他物，但我所做的一切不过是毁了它。爱是唯一的求知途径，我通过它而进入相融，由此领悟了奥秘。我奉献爱、我捧出我自身、我融入他人，由此我找到自己，发现自己；我发现了我与你，发现了人。

——弗洛姆

当天生一颗爱人的心而不去爱人，那就无异是剥夺了自己，同时也剥夺了别人的莫大幸福，这正像橘树不愿意开花，生怕招蜂引蝶一样。

——司汤达

仅有那些具备完全生产性倾向的人才可能爱。这种人已经克服了依附性以及全知全能的自恋妄想，摒弃了剥夺他人或聚敛财富的欲求；他对自己的人性力量充满信心，敢于单凭自身的力量去达到目标，倘若谁缺乏这些素质，他将畏于奉献自己，丧失施爱的勇气。

——弗洛姆

唯有人道、慈善、同情和公正的人，才能得到自己需要的情感。

——霍尔巴赫

爱情赐予万事万物的魅力，其实决不应该是人生中短暂现象，这一道绚烂的生命光芒，不应该仅仅照耀着探求和渴慕时期，这个时期其实只应该相当于一天的黎明，黎明虽然可爱、美丽，但在接踵而至的白天，那光和热却比黎明时分大得多。

——车尔尼雪夫斯基

感情这个东西十分奇怪，你本来可以不喜欢这个人，可是却使你鬼使神差地喜欢上这个人。不喜欢一个人的时候，则对这个人无所谓，也即无所谓爱、恨、恶、憎。

只有对一个人爱得深时，才会对一个人产生恨。爱之深则恨之切，这是对的。

——屠格涅夫

　　爱情不仅不能买卖，而且金钱是必然会扼杀爱情的。任何一个男人，即使他是人类当中最可爱的人，只要他用金钱去谈爱，单单这一点就足以使他不能长久地得到女人的爱。

——卢　梭

四 月

理智的天空

不该在任何东西上找寻完美，不该向任何东西要求完美，既不该向爱情、美丽和幸福要求，也不应该向德行去要求；只有热爱完美才能成为有德之人，才能达到人类所能达到的美丽和幸福的境界。

——缪　塞

当你孤独寂寞时，阅读可以消遣。当你高谈阔论时，知识可供装饰，当你处世行事时，正确运用知识意味着力量。懂得事物因果的人是幸福的，有实际经验的人虽能够办理个别性的事务，但若要综观整体，运筹全局，却唯有掌握知识方能办到。

——培　根

我正在使自己养成一种习惯，每着手去做一件事情，首先要检查一下：是否虚荣心在驱使我去做它，倘若我的动机中掺杂着虚妄的东西，我便拒绝去做它。

——斯特里马特

我从事绘画，是出自内心的企望：我想诚实地生活。心灵的泉水告诫我：要谦虚，要朴素，要舍弃清高和偏执。

心灵的泉水教育我：只有舍弃自我，才能看得真实。舍弃自我是困难的，甚至是不可能的，我想。然而，漫絮低语的泉水明明白白对我说：美，正在于此。

——东山魁夷

我们赞扬我们以为要赞扬的东西，比赞扬值得赞扬的东西更多，我们蔑视我们以为要蔑视的东西，比蔑视值得蔑视的东西更多。很少人有能力、勇气和时间就事物本身、或者根据事物的结果来判断事物，人们觉得墨守既得的看法要简捷得多；就是这样，意见便成了支配人们的皇后。就是因为这个缘故，各种成见便在人们的头脑里变得坚不可摇。懒惰、懈怠、懒散、畏怯乃是我们看见确立在人们中间的各种谬误的支柱。

——霍尔巴赫

那些喜欢出口伤人者恐怕常常过低估计了被伤害者的记忆力和报复心。谈话中善于提问，必能多有受益。而所提问题，如果又恰是被问者的特长，那就比直接恭维他还有利。这不仅能使听者获得教益，也能使被请教者感到愉快。但提问应当掌握好分寸，以免使询问变成盘问，使被问者难堪。作为客厅中的主人，应当使在座的每个人都分享发表意见的机会，以免有人产生被冷落之感。遇到有人独占谈局，主人就应当设法将话题转移。

——培　根

每个人的心灵都有自己的形式，必须按照它的形式去指导它；必须通过这种形式而不能通过其他的形式去教育，才能使你对他花费的苦心取得成就。

——卢　梭

当我们的私心减弱，我们的焦虑便跟着消失，平静而坚定的欢愉随之降临，这样的感觉永远能带来一种美好的性灵倾向与澄澈的良心。一切善行都有助于在内心激发这种感觉。自私自利者会觉得孤独，四周被威吓、陌生的事件包围，他们所有欲望都沉溺在自己关切的事务中，仁慈的人则住在慈善事件构成的世界中，周围的善和他自己的善相匹配。

——叔本华

名望意味着孤独。名望仿佛商店橱窗里陈列的水晶，你被安置在那里展览，供人观赏，马路上所有的过客都瞅着你，可是任何人都不能接触你，你同样也无法接触任何人。

——莫拉维亚

消沉是一种灵魂的状态，你在其中找不到自己生命或整个世界的生命意义。这种状态不仅对你周围的人是种痛苦，而且会影响他们。真正善良的人会在孤独的时候，处理这种不愉快的情境。当你心情不佳或陷于低潮时，你会受到激怒，要不你就应该单独去面对。

——托尔斯泰

同情是我们关心别人诸多感情中的第一种，自己与别人一样受感动，决不会对别人行为与痛苦冷眼旁观，必须认为同情是一种替代，因而我们就设身处地处于别人地位，在很多方面产生与他人一样的感觉，因此这种感情可能带有自我保持的性质，注重痛苦可能成为崇高的根源，或注重快乐的观念。此时这种感情可适用所谓社会的感情，无论是注意社会总体，或者注意社会的特定形式。

——博　克

在某些时刻，你会对生命的灵魂存在起疑，这些时刻是你信仰发展必经的。即使了解生命的灵魂本质的人，也难免会在某个时候害怕死亡，但通常只是很短的时间，就好像你看舞台上的戏剧表演时，某一景的逼真表演让你惊吓，以为一切都是真的。真实的人生也是如此：在某些失望的时刻，信仰虔诚的人会忘记肉体生命的事件不能干预他的灵魂生命。在这样时刻，人的情绪低落，你必须把自己当作病人看待。

——托尔斯泰

就事而言，也有人认为两双眼睛所看到的未必比一双眼睛见到的更多，或者以为一个发怒的人未必没有一个沉默的人聪明，或者以为毛瑟枪不论托在自己肩上放，还是支在一个支架上放会打得一样准——总之，认为有没有别人的帮助结果都一样。但这些话其实只是十分骄傲而愚蠢的说法，最有益于事业的无过于忠告。

——培　根

在所有的地方都能发现"完美"，而尊敬它更是真理之爱的表现。

——歌　德

有三种诱惑折磨着人们：性欲、骄傲与对财富的贪念。人类的所有不幸都是这三种欲求引起的，没有这些诱惑，人类将过着快乐的生活。但要如何驱除这些可怕的疾病？努力改善自己，这就是答案。改善世界需从自己内在开始。

——拉梅奈

生命愈是重要的事，如果你加以滥用，未来对你的伤害便越大。人的不幸与悲哀往往种因于滥用我们生命中最珍贵的工具：理智。

——托尔斯泰

当理智成为罪恶与激情的奴隶，以及谎言的帮凶时，理智不仅受到扭曲，而且变成一种疾病，让我们无法分辨真伪、善恶与是非。

——恰　宁

世界上没有任何欢乐不伴随忧虑，没有任何和平不连着纠纷，没有任何爱情不埋下猜疑，没有任何安宁不隐伏恐惧，没有任何满足不带有缺陷，没有任何荣誉不留下耻辱。

——格里美尔斯豪森

无知有两种，一种是所有人出于纯粹、自然的无知；一种是所谓的聪明。很多自命为学者的人，并不了解真正的生命，他们轻视单纯的人与事。

——巴斯卡

不要绝望。如果你发现无法达成所有想完成的美事，不要为此失望，如果你跌倒，要试着站起来，努力克服面前的障碍。要直捣问题的核心、事情的本质。

——奥理略

如果我们以邻人应得的报应对待他们，我们会让他们变得更坏。
如果我们以我们对他们的期望对待他们，我们就能让他们改善。

——歌　德

如果你和某个人拆伙，而他对你有所不满，或是虽然你是对的，但他并不同意你的立场，那么你不能怪罪于他，或许错误在你，因为你对他不够客气。

——托尔斯泰

认为有时候可以不必以爱对待别人，是错误的想法。人可以不怀着爱对待物品，例如劈柴、烧砖、打铁，但不能不怀着爱与人相处。这好比与蜜蜂一起工作不能不谨慎一样，与人相处时，不能不去留意他们的个性。人的特质就像蜜蜂一样；如果你不特别谨慎，你们就会彼此伤害。这是必然的结果。因为相互的爱是我们生存的主要法则。

——托尔斯泰

相对于愤怒表现出来的同情，有如水之于火。当你发怒的时候，尽量去体会对别人的同情，你的怒火便会自然熄灭。

——叔本华

人生中有这样的情况，你可以遇见一个人仅仅只有一次，而且非常短暂，甚至只是短短的几秒钟，然而你却立即感受到和他是那么接近，一种亲如兄弟般的感情油然而生，而对另一个相识多年，甚至天天都在一起的人却不会产生同样的感情。也有这样的情况：你甚至可以与一个从未谋面的人在心灵上产生兄弟般的感情。

——萨马拉基斯

作伪有三种害处：第一，说谎者永远是虚弱的，因为他不得不随时提防被揭露；第二，说谎使人失去合作者；第三，这也是最根本的害处，就是说谎将使人失去人格——毁掉人们对他的信任。

——培　根

我们希望人人都像我们对待自己一样，对我们抱着温暖的爱和深深的尊重。我们没有想到，我们不能期望别人对我们的评价，较之于我们对他人的评价更高些，而我们之所以没能想到这一点，原因在于，我们总觉得自己的优点很了不起，而别人的优点呢，如果确实存在的话，也只是非常宽厚的人才能看到。

——罗　素

让别人变得难过与无法忍受的缺陷，自己却觉得无所谓。人们往往没有察觉，当你提到别人的这些缺点时，其实你描述的正是自己。

——拉布瑞耶

去享受肉体的温暖，你身上的某个微小的部位一定是寒冷的，因为在这个世界上，没有一种对立存在的品质。无只能在无自身中存在。如果你吹嘘自己，你周身都感到很舒服，但是如果你已经很长时间有这种感觉，那么，你就不能再有什么舒服感觉了。

——麦尔维尔

许多能享受高等快乐的人有时受外界诱惑的左右而把高等快乐搁起来去求低等快乐。但是，这并不与他们能够完全赏识高等快乐这件事互相矛盾。人往往因为品格不健全，虽然明知比较切近的利益比较不足贵，还是选取它；不仅仅是对两个肉体快乐取舍时候是这样，对肉体的与精神的快乐间取舍也一样。他们虽则十分知道健康是较大的利益，有时还追求肉欲的荒纵以至于妨害健康。

——密　尔

我们终受的惊恐多于伤害：我们的痛苦更多的是产生于想象而不是现实。

——塞内加

知识和学习的快乐和欣喜在本质上远远胜过其他所有的快乐。情感上的快乐胜过感官的快乐，就像欲望或胜利的实现超过听一首歌或吃一顿美味那样吗？那么，在重要方面，理智上的或理解中的快乐一定不会胜过情感上的快乐吗？我们看到，在其他所有快乐中，有一种厌腻感，并且在它们被享用过，它们的新鲜感就会过去。这种情况很好地说明，它们只是虚假的快乐，根本不是快乐。也就是说，是它们的新奇性，而不是它们的本质给人带来快乐。

——培　根

当你在欢乐或痛苦时，应当去同你心心相印的人共享欢乐、同担痛苦。而不要到处诉说，闹得满城风雨。不要像小孩子那样的一碰到高兴的事，便神采飞扬；一遇悲伤，便愁眉苦脸。当身处逆境时，仍应信念坚定、是非分明。由于欢乐可能转化成烦忧，所以高兴时不要太过分。而在不幸时，要充满希望，因为祸事中往往隐藏着福音，正像福运中也蕴含着不幸一样。要认定世上的一切事情都将像过眼的浮云一样会飘走的。

——昂·玛阿里

灵魂也许有自己的快乐，但对灵魂和肉体中常见的那些快乐来说，快乐完全依赖于情感，这样，最受情感驱动的人能够在自己的一生中分享到大量的欢乐。当然这种情况也是真实的，这些人在不知道如何利用情感时，也许会遇到大量的痛苦，或者命运与他们作对。谨慎地实施自我控制的主要方面是，自我控制教会我们掌握自己的情感；控制和疏导了情感，我们就很容易忍受情感引起的罪恶，甚至能从所有情感中得到欢乐。

——笛卡儿

在自然过程中，如果痛苦是剧烈的，它必很短暂，这会使我们得到安慰；如果痛苦很长，它必是轻微的。如果你觉得它太强烈了，你不会长时间地感觉到它；它自身会很快消失，或对你来说它会很快消失。痛苦的强度和持久是相关的。你觉得它不能忍受时，它也就要离开你了。

——蒙　田

人类的感情并非真的如此软弱，以至于不能抵御对死的恐怖。人心中有许多感情，其强度足以战胜死亡：仇恨压倒死亡，爱情蔑视死亡，荣誉感使人献身死亡，巨大的哀痛使人扑向死亡。唯独怯懦软弱使人在还未死亡之前就先死了。

——培　根

快乐和悲伤不是心灵的观念，而是意志的情感，因此它们不属于记忆的领域，我们不能重新记起我们的快乐和悲伤，我是说，我们不能使它们复活。我们只能记起与其相伴的思想，特别是我们当时说出的话；而这些在一段时间中形成了一定量的感情。因此，我们关于欢乐和悲伤的记忆总是不完全的，一旦它们过去，对我们来说它们就成了无足轻重的事情，这说明了努力的虚妄，因为有时候我们做出的努力只能恢复过去的快乐和痛苦。快乐和痛苦本质上是与意志有关，而意志并不属于记忆，记忆是理智活动的功能。

——叔本华

我以整个的我投入你的怀抱后，便感觉不到任何忧苦艰辛了；我的生命充满了你，于是生气勃勃。一人越充满你，越觉得轻快；由于我尚未充满你，我依旧是我本身的负担，我理应恸哭的快乐和理应欢喜的忧苦，还在相持不下，胜利属于哪一方，我尚不得而知。

——奥古斯丁

在悲痛中有各种虚伪的东西，其中一种是：在哀悼与我们亲近的一个人的死亡借口下，我们哀伤的实际是我们自己，我们哀伤他对我们的好的看法，哀伤我们的利益、快乐和对我们的敬意的减少。同时，死者也有了使人流泪的体面，虽然这些眼泪只不过是为生者流的。我说这是一种虚伪，是因为在这些悲痛中人们是在欺骗自己。还有另一种虚伪却不是这样天真无邪，因为它要强加于全社会，这是那样一些人的悲痛，她们渴望着一种十足和不巧的痛苦的光荣。在时光已经载走了所有的悲痛，终结了她们实际上有过的痛苦之后，她们还是不放弃，仍然坚持她们的悲伤、她们的呻吟和她们的叹息，她们表现出一副悲哀者的模样，通过他们所有的行动努力使人们相信：非到生命终结，她们的痛苦不会停止。

——拉·罗什福科

任何人在一生中都有他独自的"世界末日"，这就称为绝望。这时候灵魂里充满了陨落的星辰。

——雨 果

人的天性，一方面是对欢乐的追求，另一方面是对自我牺牲的向往。当前者无望时，后者就增加了力量，而且，就在它这样寻找更为充分的发展余地的时候，一种崇高的热情充满了灵魂。所以，我们在渺小的困难面前是懦夫，而巨大的悲痛却会唤起我们真正的大丈夫气概，使我们变得勇敢起来。所以，在这些悲痛之中，有一种欢乐。

——泰戈尔

孩子们的欢乐才是纯粹的欢乐。他们有能力运用一切平凡细小的东西，创造他们的有趣世界，连那最难看的玩具娃娃也在他们的想象之下变得漂亮，由于他们的生气而活了起来。在长大成人之后还能保持这种享乐能力的人，确实是真正的理想主义者。对于他来说，事物不仅仅是眼睛所能看见的，或是耳朵所能听见的，而且也是心灵所能感觉到的，它们的狭隘和缺陷，也都在他自己演奏的欢乐的乐曲声中消失了。

——泰戈尔

如果你被任何允诺的快感的表面情况所迷惑，你要警惕不要上它的当；你要等到闲暇时再来应付此事，你要设法等一等。然后，你要把问题的两方面都考虑一下，一方面是你要享受快感，另一方面是在享受完之后，你会后悔和谴责自己；你要在目前想到，与这些情况相反，如果你避开了，你将如何欢欣鼓舞和庆幸自己。即使快感在你看来是合时宜的满足，但你也要留意，快乐的诱惑、吸引和勾引不要迷惑你……

——爱比克泰德

我将永不停止哲学的实践和教诲，劝勉我新遇到的任何一个人，照我的方式对他说："你，我的朋友，伟大、强盛而且智慧的城市雅典的一个公民，像你这样只注意金钱名位，而不注意智慧、真理和改进你的心灵，你不觉得羞耻吗?"

——苏格拉底

有人性的东西总免不了蕴含悲哀。幽默的最深泉源不是欢乐，而是悲哀，天堂里是没有幽默的。

——马克·吐温

人生中真正的要务就是生活本身，没有人会怀疑这一明显的事实。我们把我们每一天的第一分钟都给予了的那种东西叫作生活，搞清楚怎样生活是所有知识的最终目的，在特定的范围内，我们可以把人类的经验分为两种：一种是追求功效的有用性，一种是追求生活的快乐。

——詹姆斯·里德

战胜自己要比在许多战役中打败千百人更值得骄傲，在战场上获得胜利的人，仍可能在下一场战役中被击败，但战胜自己的人则已获得永远的胜利。

——法句经

乐观者与悲观者之间，其差别是很有趣的：乐观者看到的是油炸圈饼，悲观者看到的是一个窟窿。

——M. 威尔逊

在大多数人的日常生活中，恐惧多于希望。他们患得患失的时候多，而考虑怎样给自己的生活和自己周围的人的生活创造快乐的时候少。

人们的生活本来就不应当这样过的。

有一种人，他们能使自己生活得有意义，对朋友和社会有贡献，这是因为有一种希望在鼓舞着他们，有一种快乐在支持着他们。他们在想象中看见了可能实现的东西和使它实现的方法。在他们的私人关系中，他们从不斤斤计较别人对自己的尊敬和爱戴，他们尊敬人们爱人们，结果尊敬和爱戴不用他们去争取就会得到。在工作中，他们也不为同行的嫉妒所纠缠，而全神贯注在自己的工作上；在政治上，他们不耗费时间和感情来为自己的阶级或国家享有不公平的特权而辩护。他们的目的是使整个世界得到更多的快乐，减少残暴，减少利欲的冲突，使世界上有更多的人从压迫下解救出来，得到自由的发展。

——罗 素

世界上无论哪一个成功者，都是绝对信任自己的。至于庸人们，偶然受到一点挫折，便心灰意懒，一蹶不振，而归咎于命运的不济。其实他们失败的原因，多数是由于不自信，心灵无异已经死灭，古人说："哀莫大于心死，而身死次之。"足见没有自信心的人，损失的重大了。一个没有脊梁骨的人，要站得挺直，是不可能的事，一个人的自信心完全消失的时候，也是什么事也做不成的。班扬被关在监牢了，但他能够利用那纸卷的牛奶瓶塞写出《天路历程》一书。弥尔顿的眼睛被挖，还能写成《失乐园》这部名著。这都是有自信心的人，虽然是受到重大的阻碍，还能把他们的志愿完成。人生本如戏剧，你要怎么演，就演成什么样子，所以你要是作一个成功者，那么你的精神，必须沉着有力。

——卡耐基

只有人类才有"现在"、"过去"、"未来"的意识，然而也仅止于概念而已，在根本上，他们还不了解它的真义为何。

——叔本华

一个人自视太高，此种想象叫做"骄傲"，这可以说是一种疯狂症，因为他张开眼睛做梦，仿佛他能够做出他想象中所能做到的一切事情，因而以这些事情为真实，并且引以为乐，因为他不能想象出任何事情足以排斥它们并在其中限制其活动的力量，所以骄傲乃是由于一个人自视过高而引起的快乐。

——斯宾诺莎

当人们以为他们特别在某一点上见长而发现他们正在这一点上受到挫折的时候，他们会改变对自己的看法，会比他们原先从来不相信他们的优点的时候，更加缺乏信心了：他们的抱负所受到的意外打击很容易使他们在还有可以利用的力量的时候，就屈服了。

——修昔底德

人类即非天使，亦非野兽。不幸的是，任何一心想扮演天使的人都表现得像野兽。

——帕斯卡尔

变得富有了的人会改变自己对贫穷的观点，用新的标准表示他的需要，并逃离追赶他的敌人以把他的努力都集中在他看到的超过在他前边的人，这种情况几乎在不断发生。满足其欲望的力量，提高了欲望的要求；千百种热望在他心中翻滚，并且急切地要得到满足；虚妄和雄心勃勃为希冀开辟了前景，而前景由于受到更多的期待，又会变得越来越广阔。

——约翰逊

嫉妒属于一种恐惧，它和那种想维持我们对某物的占有的欲望相一致。嫉妒不是来自喻示着我们要失去那种善的可能性的理性力量，而是来自我们要维护的自高自大。嫉妒使我们去考察疑惑中最微不足道的方面，并把它们作为焦虑的最了不得的理由。

——笛卡儿

高估善良和仁慈的价值是颓废的结果，是柔弱的象征，是不太适于一种高扬而肯定的生命的，否定和灭绝是肯定态度的条件。善良者的存在条件是虚伪；或者用另一种话来说，就是不愿知道现实是如何构成的，视一切痛苦不幸为障碍和必须破坏的东西，完全是一种愚蠢的行为；总而言之，它的结果是有害的，是一种不幸的愚痴——也许，几乎就像由于可怜穷人而想改变天气一样的疯癫。

——尼　采

一切的美德都已含在自我信赖里。哲人应当是自由的——自由而勇敢；就连在他给自由下的定义也表示他的自由：没有一点阻碍，除非是从他自己的素质里兴起的阻碍。勇敢，因为一个学者的天职是要把恐惧这样的东西撇在脑后。恐惧的产生永远是由于愚昧无知，一个人如果能看穿这世界的矫饰，这世界就属于他们。伟大的人并不是能够改变物质的人，而是能够改变自我心境的人。

——爱默生

五 月
友谊的权杖

　　假如你能因为我本身而爱我，我们将是比较幸福的，如果你不能，我仍会设法满足你应该得到的东西，我不会把自己的好恶隐藏起来。我将坚信：凡是内心深处的东西均是神圣的。

　　如果你是高尚的，我会爱你；如果你并非如此，我也不会假心假意，结果去伤害你和我自己。如果你是真诚的，但与我的真诚并不相同，那就去依恋与你志同道合的人，我也会去追求我的同路人，我这样做并非自私，而是出于谦恭与真诚，不管我们已在谎言中生活了多久，现在生活在真诚之中同样有益于你，有益于我，有益于所有的人。

——爱默生

　　明智的人宁愿看到人们需要他，而不是感谢他。让人们停留在希望的门槛是高明的，信任他们的感激却是粗俗的。希望具有好的记忆力，而感激却具有坏的记忆力。从依赖之中所得到的比从礼貌之中所得到的还多。凡是满足口渴的人就会弃井而去，而橘子一旦被吮吸过，就会从金色的大盘子掉到废物篓中。当依赖消失时，美好的行为和尊敬就随着而去。让以下一事成为经验的主要教训之一：保存希望，使自己总是为人们所需要（甚至为王座上的国王所需要），这样子使希望活着而不使希望完全满足。

——葛拉西安

　　那被人戴过又扔掉的玫瑰，那被人遗忘的友情和悠悠逝去的乐曲旋律——我从世间万物那众所周知的倏忽短暂的存在中，为自己定下一条箴言：在这个就我所知毕竟还充满着无数迷人声音的世界上，去刻意寻找某一张脸，或长时间去倾听某一个人的唠叨会是多么愚蠢。

——史密斯

　　人类社会的产生，是以互助，或者说是以最广泛的爱的存在为前提的。制定法律实际上不也是为了大家在互不相损的情况下生活下去的吗？这么说，无论是社会的产生，还是法律的产生，在某种意义上说原来都是以爱的精神为其原动力的，然而法律却成了砍杀爱的利刃，酿成了悲剧。这又是怎么回事呢？在爱的对象存在的时候，人们就不能把爱的对象从自己的爱中排除出去。换句话说，只要有爱存在，就不可能把爱抛弃掉。这虽然奇怪，可谁都知道是人之常情。

——泰戈尔

　　假如你能因为我本身而爱我，我们将是比较幸福的，如果你不能，我仍会设法满足你应该得到的东西，我不会把自己的好恶隐藏起来。我将坚信：凡是内心深处的东西均是神圣的，当着太阳月亮的面，凡是我由衷喜悦，内心指派我去做的事，我都会尽力去做。

　　如果你是高尚的，我会爱你；如果你并非如此，我也不会假心假意，结果去伤害你和我自己，如果你是真诚的，但与我的真诚并不相同，那就去依恋与你志同道合的人，我也会去追求我的同路人，我这样做并非自私，而是出于谦恭与真诚，不管我们已在谎言中生活了多久，现在生活在真诚之中同样有益于你，有益于我，有益于所有的人。

——爱默生

朋友的唯一礼物就是他自己。如果不是以理想的所有、以为其本身的爱作终点，友谊便不是友谊，不是自由社会的形式，这种目标只能是思想，不是力量，因为力量是秘密的、工具性的，只具有从隐秘的效力及表现中借来的价值。赞扬友谊的功利，如古人常做的那样，把它看作经物质结果验证的政治结构，便失去了人的道德承受物。我们寻找的不是使友谊发生作用的原因，而是在友谊中寻找使生命有作用的东西。

——桑塔亚那

也许世间没有过真正的朋友，但人们总是要求一种无私的友谊，因为纯粹的义务与纯粹的友谊是联系在一起的，它属于一个先天的，先于一切经验而决定意志活动的理由性观念。

保存自己的生命是一种义务，但是由于人人都有这种爱好，而且在通常情况下，都专心致力于这一点，所以，人们对保存生命抱着小心保养的态度，并不算是有真正的价值，而且他们的行为所遵守的准则，也不具有任何道德上的意义。

——康　德

信任今日的朋友，好像他们明日就会变成敌人，并且是最恶劣的敌人。因为这种情况在现实中会发生，所以我们应早有防备。不要把武器放在友谊背弃者的手中，而让他用它去从事战争。另一方面而言，让和解的门为敌人开着，而如果它也是慷慨之门，那么更安全。长久以前的报仇之举时常是今日的痛苦，而我们因为做坏事而感到的愉悦也会变成悲伤。

——葛拉西安

一个人在一生的大部分时间里，能够轻而易举地避免在朋友中引起不快，而当必须走上这一步时，又能够不怕得罪朋友，坚决走下去，这样的人是幸福的。

——詹姆斯

任何人想起所有的朋友和同伴时，都可以证明一个事实：我们所喜欢的人，并不是才能受我们尊重的人，而才能受我们尊重的人，也不是我们所喜欢的人；我们喜欢愚笨的仆人，因为他比较靠得住，因为和他走在一起时，我们尽可以舒舒服服地过日子，不必处处提防他。智慧的男人多数要娶不太精明的老婆，智慧的女人多数要嫁不太精明的丈夫。

——林语堂

有人说，友谊是以朋友受难时我们帮助与否来判断的。但还有一个与此相反的、更为微妙的观点却主张，在危难时出力相助相对而言比较容易，而对友谊的更艰巨的考验则在于能否在朋友快乐时全心全意支持他。这是因为在为朋友骄傲和对他们支持的情感中混杂着竞争和嫉妒的情感。

——朱迪丝

毫无保留的信任是否亦含有倾诉全部心腹的意思？我想不如此不能算真正的友谊。我们说过，交朋友的目的之一，在于把隐藏在心灵深处的情操在社会中回复原状。如果朋友所尊敬的不是我们实在的"我"，而是一个虚幻的"我"，那么这种尊敬于我们还有什么价值？只要两个人在谈话时找不到回忆的线索，谈话便继续不下去。只要你往深处探测，触到了心底的隐秘，它便会如泉水般飞涌出来。在枯索的谈话中忽然触及了这清新的内容，确是最大的愉快。只是，机密地倾吐不容易承当。要极大的机警方能保守住别人的心腹之言。

——莫罗阿

尽管对任何人皆应彬彬有礼，却须选择最适合的人做朋友。要先洞察他们的气质和品格，才能与他们结为密友。真正的友谊是一株生长缓慢的植物。志同道合，趣味相投方能产生真挚的友谊。美德与邪恶不能相融，勤奋与懒惰亦然。如果你决心与美德及勤奋为伍，如又与邪恶和懒惰的人亲密相处，这会使你自己非常狼狈。这将成为你人生道路上前进的障碍。

它像系在你脖子上的石磨，因为邪恶与懒惰的本性就是要俘获尽可能多的追随者。

——华盛顿

有这样一种朋友关系，它不是来自需要，它是来自你具有那么多，而你想要与人分享，一种新的分享的喜悦进入了你的存在。你随着存在流动，你随着生命的改变流动，因为你跟谁分享是无关紧要的。它不是合约，不是婚姻，它只是因为你太充实了，所以你想给予，同时体验一种喜悦。

——奥　修

有的朋友赞美你，有的朋友责备与批评你，要亲近责备你的人，疏远赞美你的人。

——犹太教法典

一个没有朋友的世界是使人难以忍受的，我们应该学会相互去爱，而不需要用一层幻想的面纱把自己蒙蔽起来，说我们原就没有把对方看得尽善尽美。我们知道自己的朋友是有缺点的，但总的说来，他们是同我们一样可以为人接受的。

——罗　素

友谊是培养人的感情的学校。我们所以需要友谊，并不是想用它打发时间，而是要在人身上，首先在自己身上培养美德。我认为道德教育的一项极其重要原则是，要使每个人从少年和青年早期就对人的高尚精神深怀赞美产生敬爱之心。这实际决定着对人，对人性美的信任。如果缺少这种信任，人的内心世界将是空虚的，生活中遇到微小的挫折都会使他牢骚满腹、垂头丧气。所谓人的心灵空虚，是指一个人对任何事物都失去了信心。这是一种极可怕的缺陷，关于它，过去我曾写过，今天想再重复一遍，心灵空虚、贫乏本身也是缺陷。心灵空虚的人不会有真正的朋友，他体会不到友谊的重要性。

——苏霍姆林斯基

人与人的友情对人生是何等重要，得不到友谊的人将是终身可怜的孤独者，没有友情的社会则只是一片繁华的沙漠……除了一个知心挚友外，却没有任何一种药物是可以疏通心灵之郁闷的……友谊的另一种作用则是能增进人的智慧……只要你想想一个人一生中有多少事物不能靠自己去做的，就可以知道友谊有多少种益处了。

——培　根

每个人都有各自的负担，不可能没有旁人的协助而活下去。因此，我们必须互相扶持，相互以安慰、劝告与警惕支持对方。

——神恩书

自从他一开始就得到成功以后，取悦于人的欲望便无时无刻不在干扰他，而他自己却没有意识到，这种欲望悄悄地改变了他的道路，减弱了他的信心。

——莫泊桑

爱是世上的幸福，但幸福并不是爱的全部礼遇。爱是团聚，但没有分离也就无所谓团聚，在爱的作用下，一切都凝结在快乐和赞美之中。然而，倘若没有先前的离别，就不会有眼前的团聚。爱一旦被固定在某个团聚的圈子里，就不会有新的内容，就像潮汐，爱的运动在得到了满足以后，就势必会退落下去。

——劳伦斯

奉献你们的心，但不要让对方保管。
因为只有生命之手才能接纳你们的心。
站立在一起，但不要靠得太近；
因为殿宇的支柱总是彼此分立的，
橡树和松柏也不在彼此的阴影下生长。

——纪伯伦

没有一个人可以无朋友而择人生，尽管他有一切美德。达官显贵被认为是最需要朋友的人。因为，如果没有行善之机，赫赫家财又有什么用？在最值得称道的待友之道中，最主要的正是行善。没有朋友，又如何守得住万贯家财？家大业大，风险更大。贫贱之人、潦倒之人，把友谊看作唯一的避难所。友谊还帮助年轻人修正错误、照顾老人、扶助弱小，使刚刚步入社会的人行为高尚……与朋友在一起，人更善思考、更善行动。

——亚里士多德

一个人从另一个人的诤言中所得到的光明比从他自己的理解力、判断力中所得出的光明更干净纯粹，这是无疑的：一个人从自己的理解力与判断力中得来的那种光明总不免受他的感情和习惯的浸润影响。因此，在朋友所给的诤言与自己所作的主张之间其差别有如良友诤言与谄佞的建议之间的差别一样。因为谄谀我者无过于我，而防御自谄自谀之术更有能及朋友之直言者也。

——爱默生

我们在生命中互相扶持：有时候我们帮助别人，有时候别人帮助我们。但这个世界的组成方式，却往往是帮助人的恒帮助人，接受帮助的恒接受帮助。

——托尔斯泰

幸福之人需要朋友，的确不是为了利用他们，因为他自己的能力已绰绰有余了；也不必从他们之中寻找欢乐，因为他在富有美德的行动之中已经得到了尽善尽美的欢乐，他需要朋友，只是为了行善，即他可以对朋友做好事，在朋友快活时自己也感到欣慰，并再次用善行帮助他们。

——阿奎那

两个心灵，两个世界，它们围绕太阳的轨道拥抱在一起，好像结绳者用手织成的网。两者中孤寂的处境自己结合在一起，形成节奏，便于呼吸。一个人对人群毫不理解，他感到的是迷失在猴子与老虎出没的丛林中大声呼救的人的孤寂；另一个人什么全理解，他的孤寂是理解得太多的人的孤寂。此人对什么也不坚持不放，可是没有任何人坚持要他这样做。

——罗曼·罗兰

如果我们要真正理解他人，我们就必须避免给人随意贴标签。贴标签的做法，即把人根据其种族和宗教的不同，以及行为的怪癖与否分成不同的类型。这种做法阻碍了我们对别人的了解。我们应该努力去理解每个人行为发生的原因。我们必须意识到，正像我们自己一样，别人的生活方式，也是通过学习而形成的。

——赫尔岑

友谊不能是以互利为目标的契约，仅应是纯道义的。在必要时对对方帮助的依赖并非友谊的目标和决定因素（一个人会因此部分地失去对方的尊敬），它仅仅是心灵感受到的善良思想的外在标志（不要对它进行考验，这总是危险的）。友谊不以利益为基础，因为人总是通过分担重担、甚至由自己完全承担并不让对方知道来帮助朋友。的确，每个人能用这种想法来安慰自己：在必要时，他肯定能得到朋友的帮助。如果一个人受了朋友的恩泽，那么，也许只会爱而非在敬中取得平等地位，因为只要他是被动的，不是互有责任时，他总会把自己看得低人一等。

——康　德

友谊是道德高尚的爱情的学校，谁在青少年时代不真正学会交朋友，不能从自己情投意合的人那里感到完美的幸福，他（她）也不会得到爱情完美的幸福。可以说，在培养感情方面，友谊是教育过程中最重要的因素。一个人是否能鲜明地、深刻地、积极地、满腔热情地对待周围世界，是否能鲜明地、深刻地、积极地、满腔热情地评价别人，对好、坏的行为是否能鲜明地、深刻地、积极地感情反应，在决定性的程度上取决于友谊的高度思想性和道德纯洁性。友谊的高尚的作用恰恰就在于，最崇高的道德观念、概念、原则都可以在感情上得到反映。

——苏霍姆林斯基

我认为那些错认功利为友谊基础的人遗弃了友谊的最可宝贵的一部分。使我们愉快的不是由朋友那里得到的物质的利益，而该是朋友的爱；如果我们因朋友的助益而得到愉快，其所助益亦必是基于诚挚的热心。因为缺乏什么而去结交朋友，是不对的；实际上是最拥有财富势力的人，尤其是有美德的人，才最喜交友，越不求人的人越要朋友；越慷慨越喜施恩惠的人才越要朋友。我觉得如果我的朋友永远不需要我的帮助，也不大好。假如我的朋友若是在家里或外面永远不需要我的劝告或帮助，我又怎能表现我的热诚呢？所以友谊不依赖利益，而利益倒要依赖友谊了。

——塞涅卡

彼此相爱，但不要让爱成为束缚；
让爱成为奔流于你们灵魂海岸间的大海。
盛满彼此的杯盏，但不要只从一只杯盏中取饮。
彼此互赠面包，但不要只向一块面包取食。
一起欢歌曼舞，但要保持各自的独立。
鲁特琴的琴弦也彼此分开，即使它们为一首乐曲震颤。

——纪伯伦

真正的爱情已够难得，真正的友谊更属罕见。在友谊中正像在爱情中一样，常常是那些我们不知道的东西比那些我们知道的东西使我们感到幸福。友谊的最大努力并不是向一个朋友展示我们的缺陷，而是使他看到他自己的缺陷。

我们经常自以为我们爱某些人胜过爱我们自己，然而，造成我们的友谊的仅仅是利益。我们把自己的好处给别人，并非是为了我们要对他们行善，而是为了我们能得到回报。

——拉·罗什福科

大家把朋友这个名称滥用了，事实上一个人一生只能有一个朋友。而这还是很少人能有的福气。这种幸福太美满了，一旦得而复失，你简直活不下去。它无形中充实你的生活。它消失了，生活就变得空虚，不但丧失了所爱的人，而且丧失了一切爱的意义。

——罗曼·罗兰

至高的友谊压倒一切别的义务。我发誓不告诉别人的秘密，我可以毫不违反我的誓言去把它传给一个并非"别人"的人，因为他就是我自己。

把自己一分为二已经是奇特的人，那些可以把自己一分为三的，简直不知道何其伟大。一切极端的东西都是没有匹配的。那个想象自己能够同样爱两个人，而这两个能够像他爱他们一样互相爱及爱他的人，把一件最唯一的和最一体的东西变为无数的个体了。

——蒙　田

两颗痛苦、郁悒的心结合在一起，由于感受相同，能互相找到慰藉。正如两个身居异乡的天涯沦落人会亲密无间一样。悲痛使人们的心贴近了，世俗的欢乐无法使之分离。心中忧愁的纽带要比喜悦的纽带更牢固，用眼泪洗濯过的爱情，始终是纯洁、美丽和永存的。

——纪伯伦

把朋友的错误告诉他，这是对友谊最严厉的考验之一。假使你在生一个人的气，或痛恨他，要到他面前用话语刺伤他，并不困难；但是如果你这样爱一个人，因而看不得他身上有污点，而以爱的语言来说出痛苦的事实——这就是友谊，但是少有人能有这样的朋友，我们的敌人就常在剑尖之下，教导我们，我们是什么样的人。

——亨利·华德

经过细心培养的青年人易于感受的第一个情感，不是爱情而是友谊。他日益成长的想象力首先使他想到有一些同类，人类对他的影响早于感性对他的影响。所以，把蒙昧无知的时期加以延长，还可以获得另外一个好处，那就是：利用日益成长的感性给这个青年人的心中投下博爱的种子。正是由于在他一生中，只有这个时候对他的关心教养才能取得真正的成效。

——卢　梭

即使你享受幸福，享尽荣华富贵，要是没人像你那样衷心替你高兴，怎能有莫大的快乐？同时处在逆境时，如果没有人把它当作比你更沉重的负荷，必然更难以忍受。

——西塞罗

六 月

心灵的驿站

　　风格是心灵的外在标志，是比一个人的脸更为可靠的性格标志。模仿别人的风格，就像戴上了面具；因为面具永远不会尽善尽美，所以它很快就激起人们的厌恶和憎恨，原因在于面具是无生命的，正因为这个原因，甚至最丑陋的活人面孔也比面具好。

——叔本华

如果一个人失去了那种天真的自信，即他的单纯，如果他过于注重外界的客观现实而丧失他那自然而单纯的骄傲，那么他就会终日遭受客观和物质保证的烦忧。

——劳伦斯

也总有人对你们说生活是黑暗的，你们疲惫时重复疲惫者的语言。

而我说生活的确是黑暗的，除非有了渴望，

所有渴望都是盲目的，除非有了知识，

一切知识都是徒然的，除非有了工作，

所有工作都是空虚的，除非有了爱；

当你们带着爱工作时，你们就与自己、与他人、与上帝合为一体。

——纪伯伦

但事实上，心地纯洁的人们所做的努力，不会被认为是无效或无结果的，道德上任何能量的花费，也不会在巨大的空间消失而不留下影响。那些生不逢时的人们，虽然被击败了，但在实现一个永恒的理想上，已经预见了它的重要意义。因为，理想是一种没有人看得到的概念，只能通过人们的设想、人们的努力，并准备为理想而向着充满尘土的、通向死亡的道路上行进的人们，才能在现实世界中加以实现。

——茨威格

一个修养有素的人总是渴望逃避个人生活而进入客观知觉和思维的世界；这种愿望好比城市里的人渴望逃避喧嚣拥挤的环境，而到高山上去享受幽静的生活，在那里透过清寂而纯洁的空气，可以自由地眺望，陶醉于那似乎是为永恒而设计的宁静景色。

——爱因斯坦

如果把一切都压缩成为必要的、重要的东西，那么生活将会多么贫乏、多么枯燥！只因为人类发明种种东西，增加到生活中去，才使生活显得美好。抛弃制度与程式，丢掉你们那枯燥无味的规矩，才会有快乐。

——冈察洛夫

世界是无情的、残酷的。我们生到人世间没有人知道为了什么，我们死后没有人知道到何处去。我们必须自甘卑屈。我们必须看到冷清寂寞的美妙。在生活中我们一定不要出风头、露头角，惹起命运对我们注目。让我们去寻求那些淳朴、敦厚的人的爱情吧。他们的愚昧远比我们的知识更为可贵。让我们保持着沉默，满足于自己小小的天地，像他们一样平易温顺吧。这就是生活的智慧。

——毛　姆

贤明的人即使在他最美好的时刻，也难免会有疑虑。真正的真理总是有疑虑伴随出现，如果我不犹疑，我也不会相信。

——梭　罗

一个对自己所受的苦难做出自我欣赏的人，以为自己受过苦难，就有权利报复他所遭受过的一切，这种人是十分可恶的。如果一个人坚信苦难给予了他这样的权利：认为自己高人一等，由于自己不幸而可以向别人报复——我以为这种人是不值得尊敬的。

——高尔基

不公道的本身，对于每一个慷慨和心理正常的人就是一种伤害，是最不堪、最痛苦和最难忍受的事；正因为如此，许多清白的良心饮恨而死，许多健全的心为之破碎，越是明白他们自己无罪，越足以增加他们的痛苦，越使他们没有办法忍耐下去。

——狄更斯

痛苦是无穷的，它具有种种形式。有时，它是由于物质的凌虐，如灾难、疾病、命运的褊枉、人类的恶意。有时，它蕴藏在人的内心。在这种情境中的痛苦，是同样的可怜，同样的无可挽救；因为人不能选择他的人生，人既不要求生，也不要求成为他所成为的样子。

——罗曼·罗兰

不管什么事情，无论是令人愉快的，还是恐怖的事，越是预见得少，就越令人高兴或恐惧。

——色诺芬

人心有一种特殊的性能，有时它会对于一些微不足道的东西给予最高的评价。如果一个旅行家曾经冒着生命的危险来找寻一些草木，等到他达到目的的时候，即使他采摘的只是一根草和一片不知名的树叶，他也会感觉多么快乐呀！在恋爱中一切细微的东西也正是如此。

——巴尔扎克

意志薄弱的人应该避免与罪人相接触，因为他们有被后者引入歧途的危险。但是值得称赞的是，完美的人与罪人相接触，这样，他们就可以改变罪人。

——阿奎那

原因与结果、手段与目的、种子与果实是无法割裂开的；因为结果孕育在原因之中，目的事先存在于手段之中，果实隐含在种子之中。

——爱默生

也许存在着一种必然的命运和无法抗拒的秩序，也许存在着某种天意，也许存在着某种既无目的又无引导者的混乱。因此，如果存在着一种无法抗拒的必然性，你为什么还要去反抗呢？如果有一种需要予以满足的天意，你自己就应出力助此神威。如果存在着一种毫无控制的混乱，那就应该在这种骚动中心甘情愿地把某种真理的智慧潜入你的心里，即使这种骚动的风景会把你卷走。那就让它卷入这苦难的肉体、苦难的生命和其他的一切，因为，至少，智慧它是卷不走的。

——奥勒留

所有的生命，即使是最卑微的生命，都处于活动之中，它们的活动并不像火焰那样盲目而无目的；即使没有感觉，生命的活动也并非仅仅是一种杂乱无章的运动：从生命所持有的活动是具有一定形式，是按照其一定的运动方式而展开的。这个意义上讲，任何有生命的客体、任何参与生命过程的客体，同时也都带有理性的因素。

——普罗提诺

真正的快感来自所谓美的颜色、美的形式，它们之中有很大一部分来自气味和声音，总之，它们来自这样一类事物：在缺乏这类事物时，我们并不感到缺乏，也不感到什么痛苦，但是它们的出现却使感官感到满足，引起快感，并不和痛感夹杂在一起。

——苏格拉底

厌恶恩惠不过是爱好恩惠的另一种方式。我们通过对蒙受恩惠的人们表示蔑视，来安慰和缓解自己没有得到恩惠的苦恼；既然不能夺走使那些人吸引芸芸众生的东西，我们就拒绝给他们以尊敬。

——拉·罗什福科

我们把美归结为简单；归结为毫无冗余；归结为名副其实，物尽所能；归结为与一切事物相连的枢纽；归结为无数极端的中庸。

——爱默生

人只不过是一根芦苇，是自然界最脆弱的东西；但他是一根能思想的芦苇。用不着整个宇宙都拿起武器来使他毁灭；一口气，一滴水就足以致他死命了。然而，纵使宇宙毁灭了他，人却仍然要比致他于死命的东西高贵得多；因为他知道自己要死亡，以及宇宙对他所具有的优势，而宇宙对此却一无所知。

因而，我们全部的尊严就在于思想。正是由于它而不是由于我们所无法填充的空间我们才必须提高自己。因此，我们要努力地思想，这就是道德的原则。

——帕斯卡尔

希望是坚韧的拐杖，忍耐是旅行袋，携带它们，人们可以登上永恒之旅。

——罗　素

我不知道我可能完全表现出什么样子，但我自己仿佛像一个孩子在海滨游玩，消遣着时光，后来找到一块很光滑的卵石或一块比平常看到的要漂亮得多的贝壳，然而在我面前真理的大海却完全没有被注意到。

——牛　顿

根据我个人欣赏诗歌的经验，我总是发现在开始念某首诗之前，对于诗的作者及其作品的了解是越少越好。往往一句引言，一段吹毛求疵的评论，一篇热情赞扬的短文就能引起人们对某一作家的兴趣，但是对于我来说，大量的历史资料和详尽的作者生平介绍反而使我无所适从。

——艾略特

从主观的意义来看，我们把给予我们某种快乐的东西称为"美"。从客观的意义来看，我们把存在于外界的某种绝对圆满的东西称为"美"。但是我们之所以认识外界存在的绝对圆满的东西，并以为它是圆满的，只是因为我们从这种绝对圆满的东西的显现中得到了某种快乐，换言之，凡是使我们感到惬意而并不引起我们的欲望的东西，我们称之为"美"。

——托尔斯泰

每个问题都隐藏着解决其自身的线索。如果对问题的探讨够深入，就能够找到解决的方法。

——皮　尔

在日常生活中我们固然常说美的颜色、美的天空、美的河流，以及美的花卉、美的动物，尤其常说的是美的人，我们这里姑且不去争辩在什么程度上可以把美的性质加到这些对象上去，以及自然美是否可以和艺术美相提并论，不过我们可以肯定地说，艺术美高于自然。因为艺术美是由心灵产生和再生的美，心灵和它的产品比自然和它的现象高多少，艺术美也就比自然美高多少。

——黑格尔

老实说，无论男性还是女性，完美无瑕的容貌所具有的力量比一般人

想的还要不可抗拒。尽管我们当中有些人满足于姿色平常的伴侣，并且人云亦云地说着外在的美不足取，实质的美才有价值；可是我总看到这种实质的美在天姿国色跟前，其光芒就像星星见了讨厌的太阳。

——菲尔丁

美与善是不可分割，因为二者都以形式为基础。因此人们通常把善的东西也称赞为美的，但是美与善究竟有区别，因为善涉及欲念，是人都对它起欲念的对象，所以善是当作一种目的去看待的，所谓欲念就是迫使某种目的的冲动。美却涉及认识功能，因为凡是一眼见到就使人愉快的东西才叫作美。所以美在于适当的比例。感官之所以喜爱比例适当的事物，是由于这种事物在比例适当这一点上类似感官本身。

——阿奎那

或许，人类生活中任何感情事件，没有一种不可以由音乐来表达；音乐是通过揭示这些事件的痛苦，用一种描绘方式来传达的，当然，音乐无法描绘尘世间形形色色的激情的复杂的个别内容。音乐所表达出来的激情，总是人类普遍的情绪，但是，音乐有自己特殊的方式处理个性化的描写。它用音乐的形式，使感情分门别类得到表达；不仅如此，这种表达还比直接涉及对象的其他表达方式，将感情传达得更贴切、更精确。

——桑塔亚那

事实上，悲剧的激情就像一张脸朝着两个方面看，一面朝着恐怖，另一面朝着怜悯，恐怖和怜悯就是一张脸的两面。悲剧的激情是静态的。不正当的艺术所唤起的激情则是动态的，是欲望和厌恶，欲望促使我们去占有，要走向什么东西；厌恶则促使我们抛弃，要离开什么东西。所以美学的激情是静态的，它令人惊心动魄，远远超脱了欲望和厌恶的感情。

——乔伊斯

激情本身要包含一些使我们快活的东西，不论使我们感动的事物究竟对我们发生是迁善还是从恶的作用；我们努力争取，使自己能受感动，即使做出若干牺牲，亦在所不惜，我们最平常的娱乐就以这种追求激情的冲动作为基础；这种激情究竟出自渴望，还是出自厌恶；按其本性来说，令人舒畅，还是使人痛苦，全都无关紧要；倒是经验告诉我们，使人难受的激情反而更吸引我们，这就是说：由激情而来的快乐和激情的内容正好处于相反的关系中。

——席　勒

我们要寻找有价值的书来读。一个人可以由他所读的书来衡量，因为一个人就是他心灵的表现，而书正是他心灵的重载。当然，你会喜欢书本身，不过，你很快就会知道书不同于装饰品，只有那些假装爱书的人，才把漂亮的封面看得比书的内容更重要。把书当朋友一样看待，用一些我们自己熟悉的标记边读边作记号，这才是真正懂得阅读，真正尊重书的人。

——亚瑟·李

每一个高尚的人，当处理值得干的事情时，决不将它暴露于文字，在人们中造成恶劣的影响和曲解。因此，一言以蔽之，由此应该明白，假如一个人看到任何人写下的文字东西，无论是法律判定着的法令，还是任何其他形式的东西，假使作者是一个高尚的人，对他来说，那些东西并非最有价值的；他的有价值的东西贮藏在他所拥有的最恰当的地方。但是，假如这些文字东西是他作为真正有价值东西从事的写作，那么，确定无疑地，不是上帝，而是人们"让自己抢劫了他的智慧"。

——柏拉图

理性、智慧，以及友谊的帮助，在男人之中更容易找到；因此，他们左右着世界的事务。人与这两类东西的联系具有偶然性，并且要依赖别人而存在。其中一种因为其罕见而令人烦恼，另一种则随着岁月的流逝而枯萎。因此，它们都无法满足我生活的需要，人与书籍的关系，是第三类联系，它更确定，更属于我们自身。它比前面两种联系更具有其他优越性，但却因共享而随时可得到它的帮助，十分方便。在我来说，书籍伴随我一生的事业。它们安慰我的晚年，解除我的孤寂。

——蒙　田

艺术的每一种类都是美的，正像生活之全体皆美一样，它们有大体相同的理由。艺术包容了所有感受：从最基本的生命活力，个体存在以及连

绵不断的感觉，直到人类知觉的充分舒展，人的爱与恨、狂喜与痛苦、启蒙与智慧等。

——苏珊·朗格

只凭表面的美，不算美，很快就惹人厌烦。真正的美，来自内心，它总是闪烁放光的。

"美"是向着一个目标、一个目的，充满活力、全神贯注、敢打敢拼的姿态。它的反面"丑"则是随波逐流、左顾右盼、耍小聪明的可怜相，你想使自己生活得"美"，就要为信念而活、为理想而活。

——池田大作

美并不是事物本身里的一种性质。它只存在于观赏者的心里，每一个人发现一种不同的美。这个人觉得丑，另一个人可能觉得美。每个人应该默认他自己的感觉，也应该不要求支配旁人的感觉。要想寻求实在的美或实在的丑，就像想要确定实在的甜与实在的苦一样，是一种徒劳无益的探讨。虽然美和丑还有甚于甜与苦，不是事物的性质，而是完全属于感觉，但同时也须承认：事物确有某些属性，是由自然安排得恰适合时产生那些特殊感觉。

——休　谟

对于人，什么是最可爱的呢？生活。因为我们的一切欢乐、我们的一切幸福、我们的一切希望，只与生活关联；对于生物来说，畏惧死亡、厌弃僵死的一切、厌弃伤生的一切，乃是自然而然的事情。所以，凡是我们发现具有生的意味的一切，特别是我们看见具有生的现象的一切，总使我们欢欣鼓舞，带给我们欣然充满无私快感的心境，这就是所谓美的享受。

——车尔尼雪夫斯基

艺术的真正本质已经证明不是幻景和令人感到高不可攀，艺术就蕴藏在自我的、平凡的、日常的生活之中。一个人平时在和别人打招呼和表现自己的时候所遵循的途径，都可以说是艺术。假如一个音乐工作者想成为一个优秀的艺术家，他就必须先成为优秀的人，一旦他做到了这一点，他的价值就体现出来了。而且这种价值也会体现在他所做的每一件事中，甚至在他的笔下也是这样。艺术之塔不是建筑在蓬莱仙境。艺术的作品是一个人的个性、敏感和能力的完整体现。

——铃木镇一

我的可敬的朋友，我们必须警告你（也许你的心地比头脑好些），不要因为某某人物并非十全十美，便骂他是坏人。假如你喜欢十全十美的标准人物，有的是能够满足你这种嗜好的书，但是在我们一生交际之中从未遇到过这样的人，因此，我们就没有决定要在书本里写这种人。在一部虚构的作品里插进这种天使般的完美人物或魔鬼般的堕落人物，我看不出有什么好处，因为人们谈到这种人物，思考之余便会悲不自胜地羞愧难当，而不会从这种榜样里得到任何教益。

——菲尔丁

教师是学校里最重要的师表，是直观的最有教益的模范，是学徒的最活生生的榜样。

他希望引导别人走正确的道路，激发别人对真和善的渴求，使别人的素质和能力得到最好的发展，因此他应当首先发展他本身的这些优秀品质。

只有当你不断地致力于自我教育的时候，你才能教育别人。

——第斯多惠

一个人如果有一种稚气的天才与天赋的精力，他其实是一个希腊人，他重新激起我们对于希腊艺术女神的爱情。我钦佩《菲洛克提梯斯》里面对于大自然的爱恋。读着那些优美的诗句，向睡眠，向星辰、岩石、山与波浪致辞，我觉得岁月像退潮的海洋一样地消逝了。我觉得人的永恒性，觉得他是思想的本体。似乎希腊人的伙伴就是我们的伙伴。太阳与月亮，水与火。它们与他的心相愈合，正如它们与我的心相愈合一样。于是人们炫示着希腊与英国的分别，古典派与浪漫派的分别，显得是浅浮迂腐的了。有时柏拉图的一个思想成为我的一个思想——使豁达的灵魂燃烧起来的一种真理，使我的灵魂也燃烧起来，这时候时间不存在了。我觉得我们两人在一种知觉里相遇，我们两人的灵魂都染上了同一色彩，而且像是合而为一那样的动作，这时候我为什么要测量纬度，我为什么要数埃及的年代？

——爱默生

一个人心中不专一，必会使他所有的快乐，及一切与他有关的，变得不真实；这样，他的一生必然只如一场戏剧表演。

当世界颤抖时，我纹丝不动；

当云翳朦胧时，我甚平静；

当黑暗笼罩外面的一切时，

我的内心总是明亮。

——丹尼尔·狄福

尽量地活，不这么做是个错误。只要拥有自己的生命，你究竟做了什么并无太大的关系。假使你没有了生命，你还有什么？我已太老——不论如何是太老了，对于我所看见的已经无能为力。但是，我们还保有着对自由的憧憬；因此，不要像今日的我，已经不复记忆那样地憧憬。过去，在那恰当的时机里，我不是太蠢就是太聪明了，竟至未能拥有它，而现在，我要反对这种错误，只要你不再犯它，爱怎样活便怎样活，因为它曾是个错误。

——亨利·詹姆士

个人的生死祸福，其关键在于自身，圣人重视自我警戒，即使是对于微小的事，也要慎之又慎。《中庸》说："尽管隐藏得很好，也不可能不被人发现，尽管是极其细微的，也不能不显露出来。"所以君子在个人独处时，也要十分小心谨慎。谚语说："谨慎就不会招来羞辱，思考周到就不会遭到耻笑。"

——《说苑·敬慎》

圣人自然而然地只接受正确的意见，自然而然地只发表善意的言论；贤者之耳有意识地选择外来的信息，贤者之口有意识地选择发表的言论；一般的众人则触情随意，接受外界影响和表示自己的态度都恣情任意无所选择。

——《法言·修身》

不要因为自己职位高上，身份尊贵就对别人骄傲；不要因为自己聪明睿智，就使别人难堪；不要因为自己反应敏捷，讲话流利，就处处与人争先；不要因为自己刚毅勇猛就争强好胜；不懂得的就请教别人，不会的就向别人学习。虽然懂得了，也一定要多问几个为什么，然后才能辨别清楚；虽有才能，也一定要谦让，然后再去做，所以士人虽然聪明睿智，自己却能保持愚拙的样子；虽然功高过世，自己却能保持谦让；虽然勇气无人可比，自己却能保持胆怯的心态；虽然拥有天下的财富，自己却能保持廉洁。这就是人们常说的，有人地位高却不会有危险，功绩圆满也不会遭到损益。

——《说苑·敬慎》

高尚的人士听到了"道"，就立即遵照施行；一般人听到了"道"，半信半疑，犹豫不定；下等的人听到了"道"，就加以讥笑。如果他们不讥笑，那就不称其为"道"了！

懂得大道的人不说，说的人不懂得大道，懂得大道的人，要堵塞知欲的窍穴，关闭知欲的门户，不露锋芒，超脱纠纷，含蓄品德的光彩，混同行动的尘迹，这就叫做"玄同"，在"玄同"的情况下，人不可能过分亲近，不可能过于疏远，不可能以此得利，不可能以此受害，不可能以此尊贵，不可能以此卑贱，所以被天下所重视。

——《老子·道德经》

鱼是我想要的东西，熊掌也是我想要的东西；如果两者不能同时得到，我就舍弃鱼而选取熊掌。生命是我所珍爱的，道义也是我所珍爱的；如果两者不能同时得到，我就舍弃生命而选取道义。生命是我所珍爱的，但我所珍爱的东西有的超过了生命，所以我不干苟且偷生的事；死亡是我们厌恶的，但我所厌恶的东西有的超过了死亡，所以有的祸患我不能做无原则的躲避。

——《孟子·告子上》

高层次的"德"不同于仅仅是形式上的"德"，所以是真正的有"德"。低层次的"德"只拘守于形式上的"德"，所以实际上是没有

"德"。高层次的"德"无所表现，并不故意显示它的"德"。低层次的"德"有所表现，并故意显示的它的"德"。高层次的"仁"有所表现，但并不是故意显示它的"仁"，高层次的"义"有所表现，并不故意表现它的"义"，高层次的"礼"有所表现，而得不到回答时，就挽起袖子，伸出拳头，强迫对方服从。所以，丧失了"道"而后才有"德"，丧失了"德"而后才有"仁"，丧失了"仁"而后才有"义"，丧失了"义"而后才有"礼"。"礼"的出现，是忠信淡薄的标志，是动乱的肇端。

——《老子·道德经》

人的价值并不取决于是否掌握真理，或自认为真理在握。决定人的价值的是追求成功的孜孜不倦的精神。

——莱　辛

我们现在假定人就是人，而人跟世界的关系是一种合乎人的本性的关系；那么，你就只能用爱来交换爱，只能用信任来交换信任，等等。如果你想要感化别人，你本身就必须是一个能实际上鼓舞和推动别人前进的人。你跟人和自然界的一切关系，都必须是同你的意志的对象相符合的、你的现实的个人生活的明确表现，如果你的爱没有引起对方的反应，也就是说，如果你的爱作为爱没有引起对方对你的爱，如果你作为爱者用自己的生命表现没有使自己成为被爱者，那么你的爱就是无力的，而这种爱就是不幸。

——马克思

发现别人有好的品德，就一定要认真地检查一下自己，并努力地去学习；发现别人的缺点，就一定要引起警惕而反省自己；自己有了优点，就一定要非常珍视它；自己有了缺点，就一定要如同受到玷污似的痛恨它。所以，人们应该把正确而严格批评自己的人，看成是自己的老师；实事求是地肯定自己的人，就是自己的朋友；对自己奉承吹捧的人，就是自己的仇人，因此，品德高尚的人，尊敬老师，亲近朋友，还最痛恨自己的仇人。

——《荀子·修身》

　　品德高尚的人，不论才能大小，都是美好的人；品德卑贱的人，不论有没有才能，都是丑恶的人。君子有才能就会用宽容、平易、正直的态度来开导别人；君子没有才能就会用恭谦的态度，小心谨慎地听从别人。小人有了才能，就表现得高傲、邪僻、轻视别人，盛气凌人地对待别人；没有才能的小人，就用妒忌、怨恨、造谣、诽谤来毁伤别人。所以说：君子有才能，人们以向他学习为光荣，君子没有才能，人们也乐于告知他；小人有才能，人们以向他学习为鄙贱，小人没才能，人们就不愿意告知他。这就是人们对待君子和小人的不同态度。

——《荀子·不苟》

　　和自己的心进行斗争是很难堪的，但这种胜利则标志着这样做的人是深思熟虑的人。

——德谟克利特

七 月

思索的声音

　　一个人越是生活，越是创造，越是有所爱，越是失掉他的所爱，他便越来越逃出了死神魔掌的掌握。我们每受一次打击，每造一件作品，我们都从自己身上脱出一点，躲到我们所创造的作品里去，躲到我们所爱的而离开了我们的灵魂中去。

——罗曼·罗兰

同情心并不是与生俱来的。孩子们很残忍，野蛮人也很残忍。同情心需要理性的培养。我们看到某一种生物受难时也许会觉得很难过，然而并不一定对他有同情的心理，因为我们并没有想去救他。当我赶去赴朋友宴会的途中，发现时间已经太迟了，我便吩咐车夫跑快一点，当我看到他扬起鞭子抽打马匹时，我也许会因为使这些动物增加了痛苦而感到不安，可是我不愿意停下来。

——鲍斯威尔

良心不是通过学习获得的，为了获得它这不是一种任务；相反，对于每一个有道德的人来说，在他的内心中原先就有良心。因此有良心这就等于说有一种尽义务的责任。因为良心是实践理性，在任何情况下，它出现于人的面前，作为开释和谴责的责任。因此良心不涉及客体，而只同主体有关。

——康　德

一个人能欢喜地忍受，但谁也不会喜爱所忍受的。即使因忍受而快乐，但能不需忍受则更好。在逆境中希望顺利，在顺境中担心厄逆。两者之间能有中间吗？能有不受考验的人生吗？世间使人踌躇满志的事是真可诅咒的；由于患得患失，由于宴安鸩毒，更该受双重的诅咒。世间的逆境也应受诅咒，由于贪恋顺境，由于逆境的艰苦，由于耐心所受的磨难，在受三重诅咒。人的一生真是处于连续不断的考验中！

——奥古斯丁

良心在实际上只能控制人们的心智，而不能也不应该控制人们的一生。它像身体的任何其他部分一样，易于产生病变。我看到过有些人的良心，确实由于从前的任性，而变得像被惯坏的小孩一样，易受刺激爱发怒，以致最后弄得他们不得安宁。

——梭　罗

恶在这世界上，不产生失望只产生活动。我们不是要忍耐地屈服于恶，而是要努力去避免它，竭尽全力从自身，从他所能影响的更大范围中去除恶，这不仅是每个人的利益，而且也是每个人的义务。他越是尽了这种义务。他就越是贤明地指导他的努力，因此这种努力越是成功；这样，他也许愈加会改善自己的精神，提高自己的精神，从而，愈加完全地履行创造者的意愿。

——弥萨斯

一个目标敏锐，见识深刻的人，倘又能承认自己有局限性，那他离完人就不远了。

——歌　德

没有对立就不能前进。吸引和排斥，理性和作为，爱和恨对于人类的生存都是必需的。从这些对立中产生了宗教所谓善和恶。善是被动的，它服从于理性，恶是主动的，它产生于作为。

——布莱克

恶是容易的，其数目是无限的；而善却几乎是独一无二的。然而有某种恶却和人们所谓的善一样地难于发现；因此之故，人们往往把那种特殊的恶当作了善。简直是需要有超凡伟大的灵魂才能够很好地达到它也像达到善一样。

——帕斯卡尔

对于一个有意愿的人来说，只要他有善良的意愿，他就被说成是善的，因为根据我们的意愿，我们可以使用我们能够具有的一切能力。因此，一个人被说成是善，并不是因为他有善良的理解能力，而是因为他有善良的意愿。意愿和目的相关，正像和它所特有的对象相关一样。

——阿奎那

由于自己的不幸而谴责别人，这是一个没有教养的人的行为；如果谴责自己，那就是一个正在进入教养的人的行为；而既不谴责别人也不谴责自己，则是一个受过圆满教养的人的行为。

——爱比克泰德

健康和没有痛苦，它们中的哪一个具有更大的吸引力呢？只要我们有了它们，我们简直就会对它们漫不经心。现在有一种东西，在它没有吸引力，也不能增加幸福的时候，在没有它时又要求它，因为令人烦恼的对立物将会乘虚而入的时候，这种东西可以合理地称之为必然性，而不是善。

——普罗提诺

人要尊重自己，就必须抱有一种信念：公平对待他的同胞。除非我比过去更能体谅愚昧的人，更能谨慎对待苦难的人，否则，我将责骂自己是个大大不公的人。

——夏洛蒂·勃朗特

只有当我开始把自己看成和所有别的人一样时，我的道路才变得清楚。要走这条路，我们首先必须诚实地养活自己：学会不要骑在别人脖子上，而要抓住每一个机会，用自己的双手、双脚、脑子、心，和我们所拥有的别人对之提出要求的一切力量，去为别人服务……除了无穷无尽的不受限制的责任和义务，谁也没有，谁也不能享受任何权利或特权；人的第一个也是最毫无疑问的责任，就是养活自己和别人，只有当这个基本要求得到满足时，一切其他活动才是合法的。

——艾尔德·莫德

一个人能有成就并在气质上超过常人，往往正在于其对待失败的态度，而失败是凡人都会经历的。

——曼彻斯特

对未来的真正慷慨，在于向现在献出一切。

——卡　谬

人生有一个时期应当敢不公平，敢把别人佩服的敬重的东西——不管是真理还是谎言——一概摒弃，敢把没有经过自己认为是真理的东西统统否认。

——罗曼·罗兰

生命是一去不复返的！眼前保得了的切莫放手；一放手，你就永远找不回来。死使你变成空人，就像那些树木落掉叶子后的空枝一样；终于越来越空，连你自己也凋谢了，也落了下来。

——高尔斯华绥

一个人要是确实知道发生了什么变故，那倒还没有什么，只有在提心吊胆，怕有什么变故发生的时候，才是最难受的；因为已成确定的事实，不是毫无挽回的余地，就是可以及早设法谋补救的计策。

——莎士比亚

现有的生命设计既不符合良好的要求，也不符合理智的要求。

——托尔斯泰

假如除一人外，全人类都持有一个相同的意见，而仅那一个人持一种相反的意见，那么，全人类要使那一个人保持缄默，并不比那一个人（如果他有力量这么做的话）使全人类保持缄默更为公正。

——约翰·密尔

人们对思想的惧怕远胜过对地球上其他任何东西的惧怕——远胜过惧怕倾家荡产，甚至远胜过惧怕死亡。思想具有破坏性和革命性，建设性和恐怖性；思想对于特权残酷无情，对于社会风尚具有建设性，它具有轻松自在的特性；思想是无政府和无法无天的，它冷对权力，它对经历史反复证明了的知识绝无顾忌。思想能步入地狱的深渊之中而无惧怕。一个人在它面前仅是沧海一粟，四周为无限深厚的寂寞所笼罩；而思想却上举高傲，就像宇宙的主宰那样不可动摇，思想是伟大的、敏捷的和自由的，它是普照世界之光，它也是人类最大的光芒。

——罗　素

让每一个思想家遵循他自己的思想轨迹；如果他表现出了天才，如果他言之有理地提出了意义深远的思想，一句话，如果他表现出他掌握了有力的论据，理性永远是获胜者，如果你求助于其他手段，如果你试图压制理性，如果你高声反对人性，如果你激发了大众的情感，而且情感既不能理解，也不同情你的如此浅薄的思想，那么，你将使自己置于滑稽的境地。因为这问题与我们所希望从研究中获得的得失没有关系。所以，问题仅仅在于理性在思想领域里到底能推进多远，而不管各种利益如何；还在于我们是否能努力依靠思想推理，还是必须完全抛弃对理性的信任。

——康　德

世上再也没有什么比人的想象更为自由。它虽然不能超出内外感官所提供的那些原始观念，可是它有无限的能力可以按照虚构和幻想的各种方式来混杂、组合、分离、分割这些观念。

——休　谟

一般说来，人们在一种自由的统治下，是坦率的、忠诚的、勤奋的、人道的；而在一种专制的统治之下，则是卑鄙的、欺诈的、恶劣的，没有天才也没有勇气的。他们性格上的这种差异，乃是这两种统治之下所受教育不同的结果。

——爱尔维修

如果不谨慎的言词可以作为犯大逆罪的理由的话，则人们便可以最武断地任意判处大逆罪了。语言可以做出许多不同的解释。不慎和恶意之间存在着极大的区别。而二者所用的语言则区别极小。因此，法律几乎不可能因语言而处人以死刑，除非法律明定哪些言语应处此刑。

言语并不构成罪证，它们仅仅栖息在思想里。在大多数场合，它们本身并没有什么意思，而是通过说话的口气表达意思的。常常相同的一些话语，意思却不同，它们的意思是依据它们和其他事物的联系来确定的，有时候沉默不言比一切言语表示的意思还要多。

——孟德斯鸠

自私者的那种小聪明，应该说是一种卑鄙的聪明。这是那种打洞钻空了房屋，而在房屋将倒塌前及时迁居的老鼠式的聪明。这是那种欺骗熊来为它挖洞，洞一挖成就把熊欺骗走的狐狸式的聪明。这是那种在即将吞噬落入口中的猎物时，却假装悲哀流泪的鳄鱼式的聪明。

——培 根

如果你过于有意识地关心"别人怎么想"，如果你过于谨慎地想取悦别人，如果你对别人真正的或假想的不赞成过于敏感，那么，你就过多地得到了否定反馈，造成抑制和不良表现。

只要你不断地、有意识地审视自己的每一个行动、每一句话或每一种方式，你也会受到抑制。

你过于谨慎，想造成一个好印象，反而阻塞、限制和压抑了你的创造性自我，其结果是造成一个不好的印象。给别人造成好印象的方法是：永远不要有意识地想让他们对你印象好，永远不要仅仅为了有意识地构想的效果而行动或者不行动。永远不要有意识地"猜想"别人会怎样考虑你和评价你。

——马尔兹

我沉浸在一种使我聚合并融入宇宙的"一"的爱中；沉浸在一种使我与我自己分离的恨中，一种以极大的激情把我从他人那儿解脱出来的恨中。我放弃了自己的意志，进入了普遍的兄弟之谊和共性之中。我因为激烈的抵抗和孤独而显得与众不同。

——劳伦斯

自从我感到了人生的寂寞以来，仿佛自己一天比一天更加深邃地坠入一个晦暗的地窖里，我固然找不着它的边缘，认不得它的止境，并且它也许是本来没有终极的！绝对没有谁陪我到那去，绝对没有谁在我的周围，绝没有谁走过这条同样黑暗的道路。这地窖就是人生。

——莫泊桑

谁怜悯女人，谁就在轻视她。谁把社会的灾难归罪于她，谁就在冤枉她。谁以为女人的优点来自他的优点，女人的邪恶来自他的邪恶，谁就是自负的冒充者。只有像上帝那样，而不是像他自己那样喜欢女人的人，才能公平对待她。

——纪伯伦

一旦高尚者某些愉快和不愉快的情感趋于强烈，其理智要么对它们保持缄默，要么屈从地为它们服务。情感爆发，心就进入脑，就出现人们常说的"激情"。

——尼 采

我们所犯的最大错误，是把自己的行为同"自我"混淆起来……并且得出结论说，因为我们干过某事，就使我们成为某种人，如果我们能看出，错误仅仅与我们的行动有关，我们的思想就澄清了，为了现实起见，我们在描述错误的时候应该使用说明动作的动词，而不是使用说明状态的名词。

——马尔兹

在捷径上得到的东西绝不会惊人，当你在经验和诀窍中碰得头破血流的时候，你就会知道：在成名的道路上，流的不是汗水而是鲜血，他们的名字不是用笔而是用生命写成的。

——居里夫人

一切哀愁，正如一切热情，都是属于外表的生活。一个人如果没有根基，没有在神圣的生命里生了正当的根，他就凭借着一些感情的葛藤，依附着社会——也许依附着社会中最好最伟大的一部分，在平静的时代看不出他是随波逐流，没有下锚；但是只要社会中发生任何震动，有任何习俗上法律上意见上的革命，他那种永久性立刻动摇了。

——爱默生

深思冥想对于那些能够有效地品尝和运用它的人不啻是一种有用而充分的研究工作。我则宁愿对我的心灵加以改造而不是装备它。只存在一项工作，即按照本心接受自己的思想。没有一项工作比这更柔弱，也没有比这更坚强的了。最伟大的人物都视此为自己全部事业，"对他们来说，生活就是思考"（西塞罗）。自然于是惠赐它一种殊荣，即除此而外，没有任何事物能使我们干得如此长久，也无任何活动能使我们更为频繁而又极为便当地沉溺其中。

——蒙 田

一个自我分裂的人寻求兴奋和快乐，他之需要强烈的热情，并不是出于健全的理性，而是因为这么做使他在短时间里忘却了自己，暂时中止了痛苦的思维。对他来说，任何热情都是一种麻醉，既然他找不到根本的幸福，那么，任何对痛苦的摆脱在他看来只有通过麻醉才有可能实现。

——罗 素

善于在做一件事的开端识别时机，这实在是一种极难得的智慧。例如在一些危险关头，总是看来吓人的危险比真正压倒人的危险要多许多。只要能挺过最难熬的时机，再来的危险就不那么可怕了。因此，当危险逼近时，善于抓住时机迎头邀击它要比犹豫躲闪更有利。因为犹豫的结果恰恰是错过了克服它的机会。但也要注意警惕那种幻觉，不要以为敌人真像它在月光下的阴影那样高大，因而在时机不到时过早出击，结果反而失掉了获胜的机会。

——培 根

有创造性的态度，创造性的行为和词语，那就是并不表达任何成规或现成权威的态度、行为和词语，它出于心灵本身的天然的善感与美感。

——爱默生

人类本能地追求知识，认为知识是有价值的。如果用一句话来概括这种现象，则可以说：人类的一切才能都来源于多余的好奇心，所谓多余的（不必要的）好奇心，是指探求知识并没有什么目的而言。这样得到的知识一点也没有顾及到今后的实用性。

毫无疑问，渴望探求事物是人类的禀性之一，这种不可遇到的欲望使人们完全不考虑所警告的知识是否有用，而总是一味地寻求关于一般事物奇特的解释。所以，多余的好奇心也是人类天生的性格特征。

——鹤见和子

犯错误是无可非议的，只要能及时觉察并纠正就好，谨小慎微的科学家既犯不了错误，也不会有所发现。

——贝弗里奇

心灵是一张白纸，上面没有任何记号，没有任何观念，心灵是怎样得到那些观念的呢？我用一句话来答复这个问题：是从经验得来。我们的全部知识是建立在经验上面的；知识归根到底是导源于经验的。

——洛　克

没有任何事物是美的或丑的、正当的或不正当的，这只是相对于判断而言的。没有任何事物真正是这样的（像判断的那样），只是人们按照风俗习惯来进行一切活动。

——皮　浪

人免不了要遭受不幸和痛苦，痛苦对人也有它的用处。这就像没有大气的压力我们的身体就要爆炸一样，人若没有艰难和不幸，一切的需要都能满足，我们又会变成什么样子呢。如果人事事顺利，不劳即获，傲慢和妄自尊大不使自己爆炸，也会使自己的生命膨胀。一味任性的结果，最后也将会变成疯子。因此，某种程度的困扰，这对每个人来说在任何时候都是必要的，这就像船要直行而必须压舱物一样。

——叔本华

我们并非爱好赞扬，没有利益我们决不赞扬任何人。赞扬是一种精明、隐秘和巧妙的奉承，它从不同的方面满足给予赞扬和得到赞扬的人们。得到赞扬的人们就仿佛那是对他功绩的一个应有的报酬，给予赞扬的人则要让人注意他的公正和辨别力。

拒绝赞扬出自一种想被人赞扬两次的欲望。

——拉·罗什福科

追求真理的勇气和对于精神力量的信仰是研究哲学的第一条件。人既然是精神，则他必须而且应该自视为配得上最高尚的东西，切不可低估或小视他本身精神的伟大的力量。人有了这样的信心，没有什么东西会坚硬顽固到不对他展开。那最初隐蔽蕴藏着的宇宙本质，并没有力量可以抵抗求知的勇气；它必然会向勇敢而坚毅的求知者揭开它的秘密，而将它的财

富加宝藏公开给他，让他享受。

——黑格尔

只要你闭目一想要如何去奉承那些有权力的大人先生们，便知道你永远是个失败者。你也可以赚钱、立功名，但是你也必须剥削穷苦的人民，还要献媚省长市长，恭维一般有权力的人物。要去侍候这般人的喜怒，他们要你怎样你就得怎样。这种卑贱的行为，就是我们的时代所谓的"生活的艺术"。

——司汤达

人的行为将成为他的生命、他的命运，这是我们生命的法则。

——托尔斯泰

爱除了自身别无所予，除了自身别无所取。
爱不占有，也不被占有；
因为爱有了自己就足够了。

——纪伯伦

可怜一个人对于幸福太容易上瘾了！等到自私的幸福变成了人生唯一的目标之后，不久人间就变得没有目标。幸福成为一种习惯，一种麻醉品，少不掉了。然而老是抓住幸福究竟是不可能的……宇宙之间的节奏不知有多少种，幸福只是其中的一个节拍而已，人生的钟摆永远在两级中摇晃，幸福只是其中的一极；要使钟摆停止在一极上，只能把钟摆折断。

——罗曼·罗兰

人心中的怒火一旦炽燃，唤醒了思想，就会独自穿过自己的错误的荆棘，迎着自己怀疑的灼人的火星，在陈旧真理的废墟中间，重新前进。

——高尔基

我发现，正是在生活使我遭到最大的屈辱和痛苦的那些岁月里，正是在我经受了那么多苦难的艰辛岁月里，我渴望达到目的的勇气和顽强精神格外高涨。

——高尔基

在我们理性的熔炉中，现象世界消融了，我们将其称为虚幻，这就是消极观点。然而我们的欢乐是积极的一朵花，当我们分析它时，它是无，但当我们欣赏它而感到欢乐时，它就是一朵花。这种欢乐是真实的，因此它是人格的。

——泰戈尔

那种极少把自己的幸福依附于他人，具有多种多样的志趣而且自己能自由支配志趣的人，便是幸福的人。他是热爱学说和科学的。同时他既是最有主见的，又是最有教养的。研究自然和人的哲学，也会带来真实的快乐。……诗歌、音乐、写生、雕刻，建筑——所有这些都是他的快乐的新泉源。

——爱尔维修

始终不渝地忠于她的信仰和理想；不避酷刑，藐视烈火，而对永劫不复和进地狱受苦的威胁，她的回答是干脆的一句话："要怎么样就怎么样吧，我总要坚守我的立场，忍受一切。"

——马克·吐温

不论一个人是救了你的，还是害了你的，不可急于报偿；是友人，他自会继续对你友好；如果是仇人，尽可让他继续忐忑不安。"善于等待的人才是真能抢光的人。"匆忙只会出错，并无丝毫好处。

——杰弗雷·乔叟

一个人如果过度虚弱，而又对一切世俗的同情都采取超尘脱俗的态度，往往容易变成一个沉默寡言的人。如果一个人不理解衰弱的身体会引起同样衰弱的心情，不去解脱世俗偏见的束缚，他对死亡的预期将是难以忍受的。

——毛　姆

八 月

自由的铭证

　　我并不为别人的意志所束缚，而我自己的意志却如铁链一般地束缚着我，敌人掌握着我的意志，把它打成一条铁链紧紧地将我束缚住。因为意志败坏，遂生情欲，顺从情欲，渐成习惯，习惯不除，便成为自然了。这些关系的铁链——我名之为铁链——把我紧缠于困顿的奴役中。我开始萌芽的新的意志，即无条件为你服务，享受唯一可靠的乐趣的意志，还没有足够的能力去压制根深蒂固的积习。这样我就有了一新一旧的双重意志，一属于肉体，一属于精神，相互交绥，这种内讧撕裂了我们的灵魂。

——奥古斯丁

如果一个人与另一个人实现和平，不是出于自愿而是出于被迫，比如是担忧某些会对他造成危害的恶行，那么这种和平就不是真正的和平，因为这种和平的秩序不会被遵守，反而会被某些引起恐惧的原因所打乱。

——阿奎那

人们参加战争都怀着争取和平的愿望，即便那些生性好战，以指挥和打仗为乐的人也是如此。所以很显然和平是战争寻求的目的，每个人都通过参加战争来实现和平，但任何人都不会通过建立和平来进行战争。甚至那些故意破坏自己所享有和平的人也并不憎恨和平，他们只是希望把它变成一种更有利于他们自己的和平。因而，他们并不希望不要和平，而只是希望有一个更合自己的心意的和平。

——奥古斯丁

能够享有不受侵扰的和平生活，这是可以参加战争的唯一理由。所以在取得胜利之后，我们应该饶恕那些在战争中并没有欠下血债或犯有暴行的人。

——西塞罗

在一切军队中，最强烈地渴望战争的是民主政体的军队；在所有国家中，最热爱和平的是民主政体的国家。令这些事实更不可思议的是这截然相反的结果都是平等的原则在同一时间的产物。

——托克维尔

在比较纯洁的共和制时期，武器的使用权是留给这样一些公民的，他们有祖国可爱，有财产可保卫，能够参与制订法律，而且维护法律也是他们的利益和责任。随着征服的扩大，公众自由相应地丧失，战争逐渐改进成为一门艺术，同时又退化成为一种职业。

——吉　本

我不知道爱情为什么不能给予军人；我以为这不过像美酒能给予他们

一样，因为任何危险都同样要求以欢乐作为报偿。

——培　根

没有任何一项职业像从军打仗这样令人愉快了，它是一项行为高尚的职业（因为在一切美德中，最坚强、最慷慨、最令人自豪的美德是勇敢），也是一项具有高尚目的的职业：再也没有任何工作比保卫自己祖国的和平和强大更加正义，更具有普遍意义了……死于病床比死于沙场更可怜、更难受、更痛苦；发热和黏膜炎的折磨与火炮枪的一击一样痛苦，一样致命。所以，任何决心勇敢地承受日常生活中不幸事件的人无须壮胆便可成为一个战士。

——蒙　田

一个将领如果能以这种方式指挥自己的军队，使它在一场战斗中至少能重新集合三次，那么这位将领在战败之前一定还有三次幸运的机会，他的敌人如能击败他也必定要强大到足以制服他三次。但是如果一支军队仅能抵抗一次冲击，那它就很容易会战败。

——马基雅维利

要使一支军队在战斗中获胜，就必须要激励战士树立起信心，使他们相信在任何情况下胜利都是属于他们的。但是，要使军队树立起这种信心，军队就必须装备良好、训练有素、纪律严明，士兵也必须能互相了解。然而，只有在军队由同一国家的共同生活一段时间的人民所组成时，才可能存在这种信心和纪律。而且，还必须使士兵尊重他们的将领、相信他的能力；如果士兵们发现将领井井有条、谨慎小心、勇敢顽强，以良好的名声维持着自己职位的尊严，自然就会尊重和信任将领。要做到这一切，一个将领应该赏罚严明，避免部队不必要的疲劳，信守诺言，向士兵表明取胜是易如反掌之事，并且能消除或藐视他从远处察觉到的危险。

——马基雅维利

唯有和平可以削弱通过武装而成为显赫之士的人的威望，这些人自然会发现自己很难适应公民平等的习惯。

——普鲁塔克

与每个人肯定自己主观存在的伦理动力一起，还存在着普遍自由的诱惑。这是一条不吉利的道路，因为踏上这条路使人消极、不知所措和堕落之路的人，此后会变成别人意志的奴隶，使他自己的卓越才智受到挫伤，并因此丧失一切价值。但这也是一条捷径：一个人踏上这条路，可以避免由于艰苦的奋斗所导致的过度劳累和面临的严峻考验。当一个男人把一个女人当作其他东西的时候，他可能会希望她表现出由来已久的合作倾向。这样，那女人就由于缺乏明确的理由而不能对自己的从属地位提出什么要求，因为她觉得她被一个契约与男人连在了一起，而不管他们相互间关系如何，还因为女人总是安身立命地去扮演那种"其他东西"的角色。

——西蒙娜·德·波伏娃

人确非生来自由，也并非天然平等。在他们出生之际，政治意义上所说的"自由"和"平等"并未随之而来；当他们年复一年地成长起来的时候，真正与生俱来的政治潜力的差异，便越来越明显，逐渐表现为实现的差别……政治才干上的不平等，这种不平等是自然能力不平等的必然结果之自我表现。

——赫胥黎

平等是理智的抽象同一性，反思着思维从一般平庸的理智在遭遇到统一对某种差别的关系时，首先就想到这一点。在这里，平等只能是抽象的人本身的平等，正因为如此，所以关于占有的一切（它是这种不平等的基础）是属于抽象的人的平等之外的。

——黑格尔

正如所有寻求和平的人都必须放弃某些自然权利，也就是不具有为所欲为的自由，人们也必须为了自己的生命而保留某些权利，如支配自己身体的权利，享受空气、水的权利，运动的权利，通过从一地到另一地的道路的权利，以及拥有其他缺了就不能生活或生活不好的东西的权利等。

——霍布斯

当一个明智的人向他人表示，上帝赋予了我们平等的美德时，那种广泛传播于人间的善良就会继一切必然的结果之后产生出来，即爱他人胜过爱自己。这对于某些人来说是难以置信的。在一切平等的事物之中能够存在什么样的差别呢？如果存在一点渺小的差别是由于友谊造成的话，那么友谊的真正称号就会即刻毁灭；因为友谊的本质理当如此，例如任何一个朋友凡事都为自己谋取利益，友谊就不复存在了。

——西塞罗

无论是谁，只要他促进了社会的公共幸福，他也就同时促进了他自己的个人幸福。这是因为：第一，如果没有家庭、城市或国家的幸福，个人的幸福是不能存在的。第二，一个人既然是家庭或城市的一部分，当然就应该根据他对公共幸福审慎考虑的结果来考虑他个人的幸福。任何一个部分安置是否妥当，必须取决于同整体的关系。

——阿奎那

平等并不是在公正和友谊前提下的等份分配。因为在公正的前提下，均等的最基本意思是按功过比例的均等，其次才是数量级上的均等；而在友谊的前提下，数量级上的均等变成第一位的，而功过比例上的均等则成了次要的。

——亚里士多德

所有人在其心底都有权认为自己与其他人完全平等；但并不能由此说，一个红衣主教的厨子应当命令他的主人给他做饭。厨子可以说："我跟我的主人一样是人；我跟他一样是啼哭着出生的。他也跟我一样在同样的哀悼和同样的仪式中死去。我们两个人都发挥着同样的动物机能。如果土耳其人侵占了罗马，如果我那时当了红衣主教，我的主人当了厨子，我就会让他伺候我了。"这话是合理公正的。

——伏尔泰

不知道权利、公平、法律与正义的原始结构和成因时，就会使人把习惯和先例当成行为的准则，以致认为习俗所惩罚的就是非正义的，而对自己能够举出例子，或能举出如那些蛮横运用虚假公正尺度的法学家所谓的先例，来说明是习俗不加以惩罚的事，则认为是正义的。

——霍布斯

至于平等，这个名词绝不是指权力与财富的程度应当绝对相等；而是说，就权力而言，它应该不能成为任何暴力并且只有凭职位与法律才能加以行使；就财富而言，则没有一个公民可以富得购买另一人，也没有一个公民穷得不得不出卖自身。

——卢 梭

每个人都能独立从事任何事，只要不侵犯他人的利益，他就有权为自己去做事，他有权到世间的任何地方，能在那里施展他的全部技艺和力量，做他喜欢做的事。在这种默契下，所有人都有同等的权利，只是从事的不是相同的事情。

——伯 尼

放弃自己的自由，就是放弃自己的人格，就是放弃自己做人的权利甚或义务。对于一个放弃了一切的人，是无法加以保护的。这种弃权与人的天性是不相容的。取消了自我意志的一切自由，也就取消了自我行为的一切的道德性。

——卢 梭

追求真正的幸福是一种必然性，这种必然性正是一切自由的基础——智慧本质的最美好之处，既然在于谨慎地、不断地追求真正坚实的幸福，因此我们如果心存顾忌，谨防自己把想象中的幸福认做真实的幸福，这正是我们自由必需的基础。普遍的幸福就是所谓最大的善，也就是我们所有欲望所向往的。我们如果受了必然性的支配，不断追求这种幸福，那么这种必然性越大，我们也就越自由。

——洛 克

每个人都应该对其他人负责，而不应当允许任何人只按照自己好恶去行事。如果有的地方允许绝对的自由，那么这些地方便没有任何东西能压制住每个人身上与生俱有的邪恶。

——亚里士多德

只有具有美德的人才从心底里热爱自由，而其余的人爱你只是放纵而非自由，而放纵绝不会带给人们比专制下更多的机遇和恩惠。

——弥尔顿

的确存在着一种属于每个人的与生俱有的平等，这种平等表现在一个人独立于别人的约束之外有权去做的事情多于他相应也能对别人加以约束的事情。所以，每个人理所当然应当成为自己的主人，这是他们天生的权利。

——康　德

并非只有正直的人才懂得如何执行法律，实际上只有好人才懂得如何遵守法律。人一旦战胜了良心的责备，便不会怕那些并不那么严厉且为时短暂而又有逃脱希望的惩罚。无论做了怎样的防范，那些只求免于惩罚以便为非作歹的人，总会如愿以偿地找到逃避法律惩罚的方法。

——卢　梭

在自然状态中，作恶是不可能的，或者说，即使有人作恶，那也是对自己而不是对别人。因为按照自然法，任何人都无须去取悦他人（除非他自己愿意），也无须去判定任何事物的是非善恶，除非他由于个人性情而自称如此；一般地说，自然法不禁止任何事物，除非是人人都力所不及的事。

——斯宾诺莎

正义的情感有两个主要部分，即惩罚一个已造成危害的人的愿望以及了解和确信有某个人或某些人已受到了伤害。

——密　尔

我们面临着三种选择：制造不公正而不容忍它；既制造它又容忍它；既不制造它也不容忍它。最走运的选择是不受惩罚地制造不公正。第二种最好的选择是既不制造它也不容忍它。最糟糕的选择是不得不一辈子在制造和容忍不公正之间不停地挣扎。

——西塞罗

当人们是朋友时，他们不需要正义，而当他们是正义的人时，却需要友谊，最实际的正义形式被认为是一种互助的品质。

——亚里士多德

一切法律的总目标一般是或应该是全面增进社会幸福；为此，首先要尽量排除一切有可能损害那种幸福的东西，换句话说，就是排除造成损害的人。

——边　沁

没有任何事比永久的仁慈更能美化我们的生活，或是别人的生命。

——托尔斯泰

所有的人都被分为奴隶和自由人，过去是这样，现在仍是这样。一个人如果他一生的三分之二的时间不是为自己而活的话，他就是个奴隶，而不管他是什么，政治家、商人还是学者。

——尼　果

让人民中最合适的人去挑选，选出最合适的人去治理国家，以改变我们腐朽不堪的教育制度，教育人民要有信仰，要行善积德、宽厚待人、节制自己、严肃矜持、勤俭节省、主持公道；而不羡慕财富和名声，憎恶骚乱和野心，在和平、自由和安全的社会中，给予每一个人各自的幸福。

——弥尔顿

人们受不了被剥夺自由，也许，只是在自由被剥夺以后，他们才认识自由的价值。人们一旦被剥夺了自由，就会千方百计地获得它。凡是不许碰的东西，人们偏要设法搞到。墙挡在前面，出不去，人们就在墙上挖个洞，至少能透点光亮和空气进来，如果这个孔不够大，不能让自由整个钻进来，那至少也能吹些自由之风进来。

——穆斯塔法

自由——世上再没有比它更美的东西了！

对自由的向往照亮了我们的道路，而我们将沿着这条道路前进，到达目的地。但这条路是多么漫长而艰辛，同时解放的欢乐离我们又多么遥远！

自由——这是一个人最珍贵的东西：失去了它将变得虚弱而卑贱，失去了它将害怕一切——太阳、寒冷、风霜。

——哈瓦利阿特

只有那求自由的愿望也成了羁绊，你们再不以自由为标杆、为成就的时候，你们才自由了。

当你们的白日不是没有牵挂，你们的黑夜也不是没有愿望与忧愁的时候，你们才自由了。

不如说那些事物包围住你们的生命，而你却能赤裸地无牵挂地超越的时候，你们才自由了。

——纪伯伦

人类本性中有一种根深蒂固的特性，使得人们对于自己的伙伴新近获得的擢升抱着妒忌的眼光，并要求这些不久之前还与自己一样的人能表现得谦和些。

——塔西佗

任何人都有一种不可侵犯的自由权利，即任意使用各个词汇表达自己的思想。因此，别人虽与我们使用同一词汇，可我们没有权利使他们在头脑中产生与我们所用的词汇所表示的相同的思想，所以，伟大的奥古斯都虽然具有统治世界的权力，可他也承认自己无法制造任何新的拉丁词汇。

——洛　克

人的生存非常矛盾，他既需要寻求接近别人，同时也需要寻求独立；既需要与别人一致，同时也需要保留他的独特性和特质，只有创造才能解决这个矛盾——以及人与道德问题。

——弗洛姆

　　我们首先要对自己尽我们的责任；我们原始的情感是以我们自身为中心的；我们所有一切本能的活动首先是为了保持我们的生存和我们的幸福，所以，第一个正义感不是产生于我们怎样对别人，而是产生于别人怎样对我们。

——卢　梭

　　我们的外在特征、遗传特性、倾听或成就，会散发一种自然的仁慈特质，让周围的人或感受到这种特质的人觉得愉悦。但还有另一种发自我们精神内在的仁慈，虽不似前者那么吸引人，但第一种仁慈可能很容易转变为憎恨，第二种仁慈却从来不会消失，而会不断增长。

——托尔斯泰

　　由于我始终是按照我自己的方法去做，所以我这些规律并不是从高深的哲学中引申出来的，而是在我的内心深处发现的，因为大自然已经用不可磨灭的字迹把它们写在那里了。我想做什么，我只问我自己：所有一切我觉得是好的，那就一定是好的；所有一切我觉得是坏的，那就一定是坏的；良心是最善于替我们决疑解惑的；所以，除了是为避免良心刁难，我们是用不着那种诡谲的论辩的。

——卢　梭

　　人类天生都是自由、平等和独立的，如不得本人同意，不得把任何人置于这种状态之外，使其受制于另一个人的政治权力。任何人放弃其自然自由并受制于公民社会的种种限制的唯一方法，是同其他人协议联合组成为一个共同体，以谋他们彼此间的舒适、安全和和平的生活，以便安稳地享受他们的财产并且有更大的保障来防止共同体以外任何人的侵犯。无数人多少都可以这样做，因为它并不损及其余人的自由，后者仍然像以前一样保有自然状态中的自由。

——洛　克

我把人在控制和克制情感上的软弱无力称为奴役。因为一个人为情感所支配，行为便没有自主权，而受命运的宰割。在命运的控制之下，有时他虽明知什么对他是善，但往往被迫而偏去做恶事。

——斯宾诺莎

我并不为别人的意志所束缚，而我自己的意志却如铁链一般地束缚着我，敌人掌握着我的意志，把它打成一条铁链紧紧地将我束缚住，因为意志败坏，遂生情欲，顺从情欲，渐成习惯，习惯不除，便成为自然了。这些关系的铁链——我名之为铁链——把我紧缠于困顿的奴役中。我开始萌芽的新的意志，即无条件为你服务，享受唯一可靠的乐趣的意志，还没有足够的能力去压制根深蒂固的积习。这样我就有了一新一旧的双重意志，一属于肉体，一属于精神，相互交绥，这种内讧撕裂了我们的灵魂。

——奥古斯丁

容易看出，那受情感或意见支配的人，与为理性指导的人，其区别何在？前者的行为，不论他愿意与否，完全不知道他所做的是什么，而后者的行为，不是受他人的支配，而是基于自己的意志，而且仅做他所认识到在他的生活中最重要之事，亦即仅追求他所最期望的对象，因此，我称前者为奴隶，后者为自由人。

——斯宾诺莎

没有谁陷入错误后会是自由的。你希望提心吊胆吗？你希望伤心悲痛吗？你希望焦虑不安吗？"决不"。没有人处在提心吊胆或伤心悲痛或焦虑不安时，会是自由的。因此无论谁都想摆脱这种状况，同样也想摆脱受奴役的状况。

——爱比克泰德

人是生而自由的，但却无不处在枷锁之中。自以为是其他一切主人的人，反而比其他一切更是奴隶。

——卢　梭

做你手头的事情要用完美的与朴素的尊严，要用爱的感情、自由和正义的态度来做……这会使你从一切其他思想中解脱出来。假如你做你生活中的每件事情都像做最后一件事情那样，并且把所有的粗心大意和对理性支配的强烈反感，以及伪善、自私和对你所注定的命运的不满通通抛在一边，那你自己就会免除痛苦。你会发现这些事情是何等的少。假如一个人能把握住这些事情，他就能过平静的生活，他就像上帝的存在一样；因为上帝就其本身而言，不再向观察到这些事情的人要求什么了。

——奥勒留

有两种东西，人们越是经常、越是反复地加以思考，就越是能感受到它们给人心所灌注的时时翻新，犹如无边的赞叹和敬畏：头顶的星空和内心的道德法则。

——康　德

绝对遵循德性而行，不是别的，只是依照我们固有本性的法则而行。但唯有当我们能理解时，我们才能主动。所以遵循德性而行不是别的，即是以理性指导而行动、生活、保持自己的存在，而且这样做是建立在寻求自己的利益的基础上的。

——斯宾诺莎

如果按照本性，每个人都愿意给别人带来幸福，这只是因为他是人类的一分子。那么这就得出这样的结论：依照同样的本性，所有的人都有某些利害关系是共同的。如果事实上确是如此，我们全都服从于同样的自然律。而且如果真的是这样，这种自然律就会阻止我们去损害同胞。

——西塞罗

给我坚韧，去接受我不能改变的事；给我勇气，去改变我能改变的事；给我智慧，去区别它们的不同。

——希伯来格言

当人们觉得比另外的人所得少时，便会引起贪心。只要消除贪婪，一切便都好办。"高贵者总是对世界无所要求；卑琐者总是对世界贪得无厌。"这种贪婪的人有如物质的奴隶。

品德高尚还包括：自己的东西是自己的，别人的东西是别人的，不要贪婪。即使某件东西是你所需要的，但却属于别人，也决不贪求。不是属于自己的，决不拿取。所做之事即使不能保证对人民有利，至少也决不能有害——这应当是一个品德高尚者的处世原则，以便成为对此世和彼世都有益的人，使两者都需要你。

——昂·玛阿里

世界上一切错误中，最广泛接受的是对名望和荣誉的关心，我们甚至拥护放弃财富、平静、生命和健康的观点，而这些是有用的、基本的东西；我们甚至追逐虚浮的幽灵和既没有躯体也没有基质，仅仅是声音的东西。……在人们非理性的幽默中，哲学家似乎摆脱了后一种情况，比其他人要难驾驭。

——蒙　田

人是由灵魂和肉体两部分组成的，这两者看上去不同，但肯定是属于同一种本质。当这两种第一次组成人的成分在第二次相遇时，原来那个人也就再现了。当然，这个人和原先那个人不完全一样，但只要是在原先相似的躯壳里，进入了和原先相仿的，赋予躯壳以思想的灵魂，那么，原先那个人就重现了。

——莫泊桑

当生命摘去遮盖她圣洁面容的面纱时，美就是生命。
但你们是生命，也是面纱。
美是凝视自己镜中身影的永恒。
但你们就是永恒，你们也是明镜。

——纪伯伦

无论男女，最快乐的人是对金钱不关心的人，因为他们有某些积极的目标，把金钱驱出门外。

——罗　素

爱是火热的友情，沉静的了解，相互信任，共同享受和彼此原谅。爱是不受时间、空间、条件环境影响的忠实。爱是人们之间取长补短和承认对方的弱点。

——安恩·拉德斯

凡是我不了解的现象，我总是勇敢地迎着它走上前去，不向它屈服。我比它们高。人应当认定自己比狮子、老虎、猩猩高一等，比自然界万物，甚至比他不能理解的，像是奇迹的东西都高才成，要不然他就算不得人，只不过是一个见着样样东西都害怕的耗子罢了。

——契诃夫

我越观看那一轮高悬的明月，就越觉得真正的美和善越来越高，越来越纯洁，越来越接近他，接近一切美和善的源泉；一种未曾得到满足的，但是令人激动的欢乐的眼泪涌到我的眼里。

——托尔斯泰

一个人如果有一种能力，可以按照自己心里的选择和指导，思考或不思考，行动或不行动，那么他便可以说是自由的。如果一个动作的进行与停顿不是平均地在一个人的能力之内，如果人心里的选择和指导不能决定行动的静止，那么这个行动即使自愿的，也并不是自由的。因此，所谓自由观念就是，一个主体有能力按照自己心里的决定或思考，决定某一特殊行动的实现或停顿与否。这里，行动的实现或停顿都必须在主体的能力范围内，如果不是在其能力范围之内，如果不是按其意愿产生，则他便不自由，而是受到了必然的束缚。因此，离开思想、意欲、意志就无所谓自由。

——洛　克

如果一个人有充分的自由过健康的生活，从事他的本行工作，这对他来说就够了，这种充分的自由是每个人都容易得到的。我们大家都只能在某种条件下享受自由，而这些条件是应当履行的。

——歌　德

九 月

品格的力量

　　光有伟大的品质还不够。有某些好的品质就像感觉，它们完全是个人内在的东西，既看不到它们又不能理解它们。有的光辉灿烂的行动，如果它并非一个崇高意向的产物，不应把它归入崇高之列。

　　我们不应根据一个人的卓越品质来判断他的价值，而应根据他对这些品质的运用来判断他的价值。一个十分杰出的功绩的标志是：那些最嫉妒它的人也不得不赞扬它。生来就具有某些伟大品质的人的最可靠标志是生来就没有嫉妒。

——拉·罗什福科

忠实，在大多数人那里只是吸引别人信任自己的一种手段，旨在使自己高出别人一头，并成为一些最重要的秘密的保管人。

人们受到诋毁更多的是由于他们对我们做出那些小的不忠，而非他们对别人做出的那些大的不忠。

当我们厌倦爱时，我们很容易忍受别人对我们的不忠，以使我们解除自己忠诚的义务。

——拉·罗什福科

每个人都必须到内心中去寻找宁静，而且，真正的宁静是不受外在情况影响。

——甘　地

善良与仁慈比单纯的公正有更大的活动领域，根据事物本质，我们不能对人之外的生灵施行法与公正，但是，我们可以把宽容、善良扩及无理性的动物，这种从温柔天性出发的行为如同喷泉汹涌奔流。无疑，好心人不但爱护马驹狗仔，甚至照料老骥老犬。

——普鲁塔克

要想爱人们，就不要对人们期望过高；要想见到人们的过错而不发脾气，就必须养成原谅别人的习惯。最能使我们宽宏大量、对怨恨无动于衷、对仁慈厚道的道德原则心悦诚服的，无过于要有那样一种对人心的认识：那些最明理的人，几乎永远都是最宽容的人。

——爱尔维修

光有伟大的品质还不够，还需好好地加以运用。有某些好的品质就像感觉，它们完全是个人内在的东西，即看不到它们又不能理解它们。有的光辉灿烂的行动，如果它并非一个崇高意向的产物，不应把它归入崇高之列。

我们不应根据一个人的卓越品质来判断他的价值，而应根据他对这些品质的运用来判断他的价值。一个十分杰出的功绩的标志是：那些最嫉妒它的人也不得不赞扬它。生来就具有某些伟大品质的人的最可靠标志是生来就没有嫉妒。

——拉·罗什福科

一个人如果要帮助他自己，帮助别人，他就不应当被不规则的、间断的为善的行动所支配，而应当作一个有自制力的、持久的、不可动摇的人——我们曾经看见过这样的人，有这么几个，散布在上下几千年里，降福于世界；这样的人，他们天性里有一种沉着的性质，相当于磨坊里的飞轮，将动作平均分布到一切轮盘上，不让它失去调查，而发生破坏性的震荡。快乐应该摊开来，罩满整个的一天，或为一种力量，而不要集中起来成为狂喜，充满了危险，而且随后就有反作用。

——爱默生

应该将蛇的狡猾与鸽子的纯真调和一下。欺骗一位诚实的人最容易了。凡是不撒谎的人都会相信别人，凡是不欺骗人的人总是信任别人。被欺骗并不总是因为愚蠢，可能是由于纯粹的善良。有两种人能够避免受到伤害：那些以亲身的代价经历到伤害的人，以及那些以别人的代价观察到伤害的人。你应该能谨慎地预见困难并同样精明地走出困境。不要心地太好以至于给别人显示心地太坏的机会。要在你自己之中混合鸽和蛇的成分，不是成为怪人而是成为非凡的人。

——葛拉西安

想表现得精明的欲望常常阻止了实际上的精明。

君主的精明在于清楚各种事物的价格。

知道隐藏自己的精明是一种巨大的精明。

一个精明的人要想不受欺骗，有时只需不精明就够了。

不太精明的人的最大精明是懂得仿效其他人的好行为。很难判断一个干净、诚实和正当的行动是出于正直还是出于精明。

——拉·罗什福科

一旦你去考虑你的行为的结果，你就会感觉到自己的无能和渺小；而只要你想到你所做的事，就是为了在此刻完成那差你来者的意志，你就会感觉到自由、快乐和力量。

如果人考虑他所做的事会有什么结果，那么他做起事来就只会为自己着想。

——托尔斯泰

人并非生而完美，我们每日都得发展我们自己的个性和事业，直到达到完美的极致，以使我们的成就和美德达到圆满的境界。要达到如此境地，必须具有纯良的嗜好、清晰的思想、成熟的判断以及坚定的意志。有的人永远也无法达到完美的境地，他总是欠缺什么；还有些人则需得长时间的修炼方能初见成效。凡是完美的人——言语明智，行为谨慎，更得贤者青睐，他们愿与之亲密结交，并乐得与之为伍。

——葛拉西安

一个人有过度强烈的自我情感，是不幸的。

如果它适度而且不越过一定限制就无害于社会生活，也无碍于道德。但如达到极端的程度，它们就变成懦弱、仇忌、奢侈、贪婪、虚荣、野心、懒惰。这样一来，对社会来说就是邪恶和坏。

——舍大茨别利

我们习惯于把道德上的教诲，当成非常迂腐无聊的东西，认为在这当中不可能会有新鲜有趣的事物。但是，在被人们认为与道德似乎没什么关系的各种重要活动当中，包括政治的、科学的、艺术的、商业的活动等，人类生活的全部，渐渐地在发扬光大道德的真理，并渐渐地化道德的真理为简单明确的道理。除此之外，人类未抱有任何目标。

——托尔斯泰

要达到一种目标，进取心和情感上的动力是十分必要的。追求我们所需要的东西，必须采取进取的方式而不是防御的或踌躇的态度。我们必须进取性地处理问题。确立一个重要的目标，就足以在我们的锅炉里产生感情的蒸汽、造成进取的热能。然而，我们在达到目标的过程中，如果受阻碍或受挫折，就要发生故障。

——马尔兹

单纯是灵魂中一种正直无私的品质。与真诚比起来，单纯显得更高尚、更纯洁。许多人真挚诚恳，但却不单纯。他们怕遭人误解，唯恐自己的形象受到损害。他们时时关注自己、反躬自省，处处斟酌词句、谨慎小心。待人接物他们总担心过头，又怕有所不足。这些人真心诚恳，却不单纯。他们难以同人坦然相处，别人对他们也小心谨慎。他们的弱点在于不坦率、不随意、不自然。而我们则宁愿同那些谈不上多么正直多么完美，但却没有虚情矫饰的人结识相交。

——费奈隆

假如一个人具有深刻的洞察力，随时能判断什么事应当公开做，什么事应当秘密做，什么事应当若明若暗地做，而且深刻地了解这一切的分寸和界限——那么这种人我们以为他是有智谋的。

——培　根

提升一个人意味着使他增加一份责任感，在他情绪高涨时，你奖赏了他，这就等于鼓励他去做更多的工作。务必这样做：当他处在上进时期，你可以不断增加他的责任；而当他每况愈下时，千万不能对他粗暴；当他为自己的失败而难过的时候，如果再批评他就可能伤害他，从而剥夺了他改进工作的念头。这就像查利·比彻姆过去常说的：如果你要给来人以荣誉，就写在书面上；如果你想批评或责怪某人，那就在电话里。

——艾阿科卡

有些人老是处于准备状态，他们忙于先拟措施，预订计划，收集材料，为主要工作做准备。这班人的确都是受着懒惰的玄妙力量支配的，一个老是寻找工具的人，肯定是一无所成的。

——约翰逊

生活中"你做什么人"没有关系，重要的是"你是个怎样的人"。人不能汲取别人的经验教训，因为情况不完全相同。如果我们把事情弄糟了，也许那只是我们的无能。要是你准备承受任何后果，世界上什么事你都可以干得成，而对后来的看法是取决于人的性格的。

——毛　姆

灵魂的伟大并不在于急切地向上，热心于认识怎样确定自己的地位。伟大得于适度，喜爱适度的东西比喜爱突出的东西有利于灵魂的崇高。没有任何东西像健康地、恰当地做人那样美好合法，没有任何知识比获得怎样自然地生活这种知识艰难；我们最粗俗的弊病是鄙视自己的存在。

——蒙　田

每个人都能独立从事任何事，只要不侵犯他人的利益，他就有权为自己去做事。他有权到世间的任何地方，能在那里施展他的全部技艺和力量，做他喜欢做的事。在这种默契下，所有人都有同等的权利，只是从事的不是相同的事情。……对社会中人的某些直接基本权利不必给予本人。因为我们是生活在社会中的人，而不是其他什么。许多事应当通过社会契约来解决。

——博　克

一个外在的权利的概念，一般说来，全部都是由人们彼此之间的外在关系中的自由的概念所产生出来的；而且它是和一切人自然而然地有（志在求幸福的）目的，以及为了达到这目的而采取的手段之规定毫无关系的；我们绝对不可把自由的概念混合到那一些法则中去，因为这个自由的概念乃是这些法则的决定基础。权利是把每一个人的自由限制在个人自由与个人自由之间达到调和境界的条件上的，只要每一个人的自由能依照一个普遍法则，则这境界便可以达到；至于公众的权利则是许多外在法则的全体，这些外在法则使这样一种一般的调和境界变成可能。

——康　德

真正的声誉有其现实的实体，被准确地塑造。它不是朝生暮死的东西。相反，它是有德性的人的一致意见和高尚的法官对具有显著功绩的问题的判断。它是德性声音的反响。由于声誉与正确行为的责任有关，有德性的人不会轻视它。坏名声——试图把自己充做好名声，它刚愎自用，不顾及他人。它是缺点和错误的混合，只寻找公众的喝彩。它用自己的假冒性质，使真正荣誉的光泽暗淡。

——西塞罗

对叫做名望的东西的欲望会折磨你。你很快就会看见一切东西都被忘记，会看到在现在的每一方位上都有混乱的无限时间，喝彩转瞬即空，变化无穷，要对假装赞扬的人做出判断，周围的空间狭窄，最终会万籁皆静。因为整个地球是一个点，你居住的是多么小的角落，那里人是多么少，什么样的人才会赞扬你。

——奥勒留

一切伟大的东西都有一种神圣的威力。欣赏平凡的东西和小山是容易的；可是那些过于崇高的东西，不管是一个天才或者一座高山，不管是一个会议或者一件杰作，在离得太近去看的时候，是会使人惊骇的。一切高峰仿佛都是过分夸张的东西，爬上去是使人疲乏的。人们在爬上断崖绝壁的时候会喘不过气来，在下斜坡的时候会滑跌，在走崎岖不平的、幽美的山地时会受伤，喷着浪花的山洪表示里面有高的山峰；向高处爬和跌下来同样是使人心惊胆战的。因此惊骇的感觉超过了钦佩的心情。人们产生了这种古怪的感觉：厌恶伟大的事物。人们看见深渊，却看不见崇高的境界；人们看见鬼怪，却看不见非凡的人物。

——雨　果

一个聪明人并不会为他所缺少的感到悲哀，而是为他所拥有的感到欣喜。

——爱比克泰德

谦虚常常只是一种假装的顺从，我们利用它来使别人屈服。谦虚是骄傲的一种计谋——通过降低自己来抬高自己。骄傲的方式虽然千差万别，但没有一种方式能比把它隐藏在形象下更带有隐蔽性，更能欺骗自己。

——拉·罗什福科

为自身的利益进行撒谎，那是冒骗；为他人利益撒谎，那是诈骗；为了陷害而撒谎，那是造谣中伤。……而对自身和他人都无害亦无利的撒谎，那不算撒谎。那只是虚构而不是撒谎。

——卢 梭

你在世间，人家已经对你充分而清楚地警告过了，你的恶行是可以由别人代为赎罪的，可受宽恕，不必经过公正的裁判。你的善行，是要经过严正的裁判，而别人不再以慈悲待你。

——萧伯纳

只有强烈的感情，才能创造活生生的作品，只有信仰，才能使精神变为世界的建设者；没有意志克服不了的失败，没有自由精神压制不住的悲伤。

——茨威格

人们发现，决定他是有用的，不是他自己而是别人的意见；于是他尽力讨好他所看重的世俗，以期给他们留下好印象，这样便产生了人性中内在和原始的特征——荣誉感，或者自另一角度称呼它作羞耻心。正是这种羞耻心使人在受他人评判时会羞惭脸红，即使他明知自己是无辜的，或者他所作所为本不必受任何礼法拘束，可以依自由意志而行动，然而他人评价依然对他发生影响。反之，在生命中能给人勇气的便是得到或重获他人欣赏的信念，因为唯有他人欣赏他，他们才会联合起来，帮助他和保护他，凭着这种力量他可以抵御生命中的许多灾患，这是他以匹夫之力所无法办到的。

——叔本华

诚实是一个人最可贵的品质，诚实的人是最值得信赖的人。

诚实能使人得到信任和器重，诚实给人以力量和信心。

诚实的人是勇敢的人，他能义无反顾地走上人生之路，在错综复杂的奋斗之途上诚诚恳恳地留下坚实的足迹。

诚实的人，即使他的生命结束了，但他那颗真诚的心将仍会在热爱着他的亿万人们的胸中跳动，永不止息。他那发自心泉的叮咚声响是那样的清脆，绵延万里声不绝。他那心灵之歌汇入亿万诚实的人组成的大合唱，只能增加它的音量，而绝不会以杂音来扰乱它的和谐。

诚实是一个人成功的基础，一个人的成功要从诚实开始，诚实的品质必须从小培养。

——穆尼尔·纳素夫

被自己亲手栽种、培植和修剪的树木的刺刺伤，伤口最深，流血最多。

——安吉洛

如果一个人能对你们已经完成的高尚事业坦然加以赞扬，同时又毫无顾忌地对于你们如何能够做得更好的问题同样坦然地表示意见，那么他便向你们最可靠地保证了自己的忠诚，并且以最诚挚的爱戴和希望，来拥护你们今后的行动。

——弥尔顿

在一个保全所有人的自由显然已属无望的世界里，倒是个别的人还存有相反的幻想。有的个别的人至少还想拯救他自己的自由，这就是说，他在世界里把自己伪装起来，戴着假面具希图蒙混过去。他孤芳自赏，对命运逆来顺受，在应世接物中是冷嘲热讽、逢场作戏，在思想意识上是放浪形骸、无所禁忌。但是，只有公共的社会的自由才是真正的自由，单独去拯救自己的自由，本身就意味着抛弃自由。

——雅斯贝尔斯

信任谈话有所踌躇而行动却敏捷坚定的人。

——桑塔亚那

归根到底，自由之所以重要，是因为它是发挥个人潜力和社会发展的条件。没有光明，人就会死亡。没有自由，光明就会黯淡，黑暗就会笼罩大地。没有自由，古老的真理就会变成腐朽不堪，以致不再成其为真理，而成为外界权威的单纯命令。没有自由，新真理的寻求和人类将以更安全更舒适地阔步其中的新大道的开辟就会停止。使个人获得解放的自由，是社会向更人道更高尚的目标发展的根本保证。

——杜威

为什么我们会如此急功近利？如果一个人不与他的同伴保持相同步调，也许是因为他听到了不同的行进鼓点。让他随着他所听到的鼓乐节奏迈步，他也许会踏上节奏，抑或是差得更远。他成长得像一株苹果树还是像一棵橡树那么快，这并不重要。难道他愿把自己的春天变成夏天？如果事情的条件尚未具备，那么我们能用什么来代替呢？

——梭 罗

在人类天性中，我们发觉有三种主要的争执原因。第一为竞争，第二为猜忌，第三为荣耀。

第一种原因，使人类为利益而侵略；第二种原因，使人类为安全而侵略；第三种原因，则使人类为名誉而侵略。

——霍布斯

人的价值存在于他的心灵和意愿之中；在心灵和意愿当中有他的荣誉。英勇是一种力量，但不是腿部和臂部的力量，而是心灵和灵魂的力量，这力量并不存在于战马和武器的价值之中，而是存在于我们自身之中。不管怎样死到临头的严重威胁，一个根本没有放松他的信念，却抛弃他的灵魂的人，他仍旧坚定地、藐视地注视着他的敌人——这种人不是被我们战胜的，而是被命运战胜的；他是被杀死的，而不是被征服的。

——蒙 田

最高尚的道德是消极的，同时也是难于实践的，因为这种道德不是做给大家看的，而且，即使我们做得令人心满意足，也不能因此就在我们心中产生甜蜜的快乐。一个人如果从来没有损害过他的同胞，那他就是对他们做了极大的好事了！他需要多么坚贞不屈的心灵和多么坚强的性格才能做到这一点啊！要体会到把这一条做得成功是何等伟大和艰难，那就不能光谈他的理论，而必须付诸实践。

——卢 梭

我承认，在现世的事物状态中，德行比罪恶更使人较为心安，而且较受世人的欢迎。我也明白，按照人类过去的经验来说，友谊就是人生的最大的愉快，而且中和就是平静和幸福的唯一源泉，我对于德性的生活和罪恶的生活，并不曾等量齐观，我分明知道，在一个没有偏见的人看来，各种利益都是在道德一方面的。

——休 谟

一切有成就的人都承认自己是因果论者，他们以为事情不是由于幸运，而是由于规律。

——爱默生

一个人的德行所能做到的事不应该以他的努力来衡量，而应该以他的日常生活来衡量。

——帕斯卡尔

一个人越努力并且越能够寻求他自己的利益或保持他自己的存在，对他便越有德性，反之，只要一个人忽略他自己的利益或忽略他自己存在的保持，则他便算是软弱无能。

——斯宾诺莎

才德有如宝石，最好是用素净的东西镶嵌。无疑地，才德如果是在一个容貌虽不姣丽，然而形体娴雅，气质庄严的身体内，那是最好的，同时，很美的人多半不见得在别的方面有什么大的才德；好像造物主在它的工作中但求无过，不求十分优越似的，因此，那些很美的人多半容颜可观而无大志的；他们所研求的也多半是容貌而不是才能。

——培 根

德行被赞扬不是由于能力，而是由于意愿。因此，要是一个人由于缺乏能力而缺乏正义，而他的意愿并不存在缺点，那他的德性就应该受到大大的赞扬。

——阿奎那

当你想使自己感到高兴的时候，就会想起和你生活在一起的那些人的德性，诸如一个人的活跃，另一个人的谦虚，第三个人的慷慨，第四个人的一些其他优秀品质。因为当这些德性在与我们生活在一起并充分表现自己的那些人的道德中显示出来的时候，再没有别的东西会像这些德性那样使人愉快。因此，我们必须保持这些德性。

——奥勒留

在人生的感情举动中有三种倾向，其中两种是恶习，即过与不及，其中一种是美德，即中庸。三者之间相互对立，因为两个极端与中间状态相互对立，而两极端之间也互相背驰。譬如一数之半必大于其数的三分之一，而小于其三分之二，所以中庸之道，比之不足者过，比之过又不足。就如勇敢的人比之懦夫似乎鲁莽，但比之愚勇之人又觉得有点畏惧。有节制的人比之无情感的，似乎有点自我放纵，而比之自我放纵者又觉得有点无情。乐于施舍的人比之吝啬之人似乎奢侈，比之奢侈之人又觉得有点吝啬。

——亚里士多德

道德品质的完善就在于要像度过最后一天那样来度过每一天，这样做既不是被动的一时的头脑发热，也不是慢慢吞吞的疲疲沓沓，也不是装扮成伪君子。

——奥勒留

无疑地，从来最有能力的人都是有坦白直爽的行为、信实不欺的名誉的；可是他们像训练得很好的马一样，因为他们极能懂得何时当止，何时当转，并且在他们以为某事真需要掩饰的时候，如果他们果然掩饰了，以往流传各处的关于他们的信实和正直坦白的见解也使他们差不多不至于为人所怀疑的。

——培　根

在重大的任务中，隐藏着好意的力量，也隐藏了使我们变成有用之材，及带给我们生之意义的使命。

——里尔克

十 月
人性的迷思

　　天性脆弱的人会坠入不可预料的不幸，这不是受难者的过失，而是命运和失误者的缺陷；但倘若人们只是由于轻率，对凶兆视而不见，自己投入最深重的灾难，那就无可争辩地属于牺牲者自己的过错了。因此，怜悯、同情和济助只是等待着因命运而失败的人，而等待着那些因自己愚蠢而招致祸患的人只有所有通情达理者的指责和训斥。

——波里比阿

　　如现实生活中很少有人能够在自己视力所及的范围内重新见到这个世界，多数人只有当他们有勇气和耐心去回忆往事的时代，才能在自己的想象中发现它。

——莫里亚克

　　一种思想，表面看来似乎不值一提，但其危害却非常之大，必须时刻加以提防，它今天可以匍匐于你的脚下，但明天就会左右你的一切。一种思想就像一个火星，掉在茅屋上就是一场大火，只有锐利的目光才能在大白天趁火势蔓延之前及时加以发现。

——大仲马

　　人生中除了美德便无所谓善，除了罪恶之外便无所谓恶。所谓美德，主要有四：一是智慧，所以辨善恶；二是公道，以便应付人事悉合分际；三是勇敢，借以终止苦痛；四是节制，不为物欲所役。

——梁实秋

　　我们要给自己的热心找到一个不可分离的伴侣，这个伴侣就是严格地观察。

——巴斯德

　　对真理和知识追求并为之奋斗，是人最高品质之一……当然，我们一定要注意，均不可把理智奉为我们的上帝；它固然有强有力的身躯，但却没有人性。它不能领导，而只能服务；而且它挑选它的领导人是马马虎虎的。理智对于方法和工具有敏锐的目光，但对于目的与价值却是盲目的。

——爱因斯坦

　　一个人对于某些事情总得不必加以考察而就信以为真。人的生命太短了，想要把一切事物，都像阿基米德的命题那样，先一步一步地证明然后才相信，是办不到的。

——哈　代

即使是在最伟大最优秀的人的生涯中，也有不少时间令人想到为完成他的使命起见，应得离开这过于温和的家，摆脱这太易获得的爱和相互宽容的生活。

——莫罗阿

我们要寻求一种真正的"好"，不是表面上的好；它是纯粹的，始终如一的，它的深入隐藏着它的价值。这样一种"好"是值得我们追寻的。它并不在远处。我们会找到它的。不过我们一定要懂得怎样去抓住它。我们现在暗中摸索的正是近在眼前的东西，我们碰到的就是我们寻找的东西。

幸福的生活，就是符合自己的本性的生活。

它必须注意一切属于身体方面的事情，却不给任何事情以过大的价值；它应当享受幸运的恩赐，却不以此为奴隶。

这样就会得到一种持久的心灵安宁，一种自由，不为任何刺激和恐惧所动。要知道，肉体上的快乐是不足道的、短暂的，而且是非常有害的，不要这些东西，就得到了一种有力的、愉快的提高，不可动摇，始终如一，安宁和睦，伟大与宽容相结合。要知道，一切漫无约束的东西都是软弱的标志。

——塞涅卡

一个人让欲念控制住了，变成快感的奴隶，就自然想设法从他的爱人那里取得最大限度的快感。他于是就有一种病态，喜欢一切不和他欲念作对的，厌恶一切比他优越或和他相等的。因此，他的爱人若是有比他优越或和他平等的地方，他也会不满意，一定想办法降低爱人，这行为使他显得比较低劣。

每个人选择爱的对象，都取气味相投的，那被选择的对象仿佛就是他的神，就是他所雕饰的一尊神像、被他供奉祷祝一样。

凡是真正能爱的人们都是这样完美，如果他们实现了他们的爱情，他们就算参加了神圣的宗教的入教典礼，而爱人也从他们手里得到美满的幸福，只要他让爱征服了。

——叔本华

有时候我们的命运像冬日果树。谁会想到那些枝条会转绿开花？可是我们希望，我们知道它会如此。

——歌 德

我命中注定做聪明人和善人，或做愚蠢人和恶人，这种命运我丝毫不能改变，做前一种人我无功，做后一种人我无罪；这才是使我厌恶和惊愕的事情。我的存在以及我的存在的属性的根据是在我本身之外加以规定的，这个根据的表现又被这个根据之外的其他根据加以规定；这就是使我强烈反感的事情。那种并非属于我本身，而是属于我之外的异己力量的自由，那种甚至在异己力量中也只是受制约的和不完全的自由，就是使我不能满意的自由。

——费希特

当周围的一切似乎平和爽朗，你看不见一片乌云像一只巨手在威胁着你，千万不要忘记事物的轮回：要想到阴郁的变幻，但不要费心去预见这些变幻。要以服从而不是预知来对付这些暧昧的未来。

——布 朗

一个人生在一个太老的民族中间是需要付很大的代价的，他负担极重：有悠久的历史，有种种考验，有令人厌倦的经验，有智慧方面与感情方面的失意，总之是几百年的生活，——沉淀在这生活底下的是一些烦闷的渣滓。

——罗曼·罗兰

理性迫使我们承认，万事皆因命运而发生。我所说的命运，意味着一连串有序的相互关联的原因，每一原因会引起一种结果。这一不朽的真理在永恒中有着自己的源泉。因此，一切已经发生的事是注定要发生的。任何在自然中没有充分理由的事都不会发生。所以，命运就是那种因科学而非无知被称为过去、现在和将来的事物之永恒原因的东西。这种观念将告诉我们，后果很可能源于许多原因，即使原因还完全没有被了解，假定在一切情况下原因都是已知的，是不正确的。

——西塞罗

有一种比不屈不挠的勇气更为崇高的勇气。它不是那种面临死亡脸带轻蔑的微笑的勇气，而是一种完全将自己交付给内心最完善的启示的勇气。

——劳伦斯

即便在两个人的一种神秘的和谐的时节，在欲望和一切意志的一种完全交流的历史，我们固然仿佛已经钻入她的心灵深处，然而有时只要一个字，一个单独的字就把我们的谬误对我们漏泄出来，好像黑夜里一道电光一样，把我俩——我和他——中间的那个黑窟窿指给我们看了。

——莫泊桑

最困难的技术并不在选择人，而是对所选择的人拥有的东西赋予各种价值。

——拿破仑

奉献你最好的，给你的朋友。

如果他定要知道你的落潮，那么也让他知道你们涨潮。

只在你想消磨时光时才去寻找的朋友，难道还是朋友？

——纪伯伦

人们通常把我看成一个最幸运的人，我自己也没有什么可抱怨的，对我这一生所经历的路途也并不挑剔。我这一生基本上只是辛苦工作。我可以说，我活了七十五岁，没有哪一个月过的是真正的舒服生活。我好像推一块石头上山，石头不停地滚下来又推上去，我的年表将是这番话的很清楚地说明。

——歌德

人的生命短暂到了荒谬可笑的程度。一些人逃避生活，另一些人则全心全意地献身于它。前一种人到了晚年精神贫乏而缺乏值得回忆的往事，而后一种人则在两方面都是富有的。两种人都是要死的，倘若谁也不把自

己的才智和心血无私地献给生活，那么就没有人会在死后留下什么东
西……

——高尔基

永续的平衡状态在人世中是不存在的。信仰、明智、艺术，能令人达
到迅速的平衡状态。随后，世界的运动，心灵的动乱，破坏了这均衡，而
人类又当以同样的方法攀登绝顶，永远不已。在固定的一点的周围，循环
往复，嬗变无已，人生云者，如是而已。确信有此固定的中心点时即是幸
福。最美的爱情，分析起来只是无数细微的冲突，与永远靠着忠诚媾和。
同样，若将幸福分析成基本原子时，亦可见它是由斗争和苦恼形成的，唯
此斗争与苦恼永远被希望所拯救而已。

——莫罗阿

不要再贪图那些使你精神恍惚的快乐了，它们是要你付出昂贵的代价
的——这种快乐危害于你不仅在你期待得到它们之时，甚至在它们已经结
束和过去之后。因为本质邪恶的快乐往往过后还使人感到很不满足，正如
罪犯在做了犯罪行为之后，即使始终没有被人发现，其犯罪欲望也并不消
失。这种快乐即不真实又不可靠，即使并不给人造成损害，也具有转瞬即
逝的特点。还是寻求某种持久的幸福吧。但除了精神为了自身而在自身中
发现的东西之外，再没有别的什么可以称得上持久的幸福。

——塞涅卡

世上的生活不是一泓泪水，也不是试练，而是超越我们想象的事务。
只要我们能够坦然面对现状，生活也可以是无限的喜悦。

——托尔斯泰

合作，不仅是一种工作而已。事实上，我相信合作是一切团体繁盛的
根本，而要达成合作，唯有参与，才能达成。

——大卫·史蒂尔

强力不再需要证明，它不屑于讨好，它严词作答，它不感到周围有见
证，它生存着，对于与它对立之物的存在懵然无知；它立足于自身宿命，

法则中的一个法则；这便是伟大风格的自白。

——尼 采

那些经常受苦的人，一旦脱离了困乏的苦痛，便立即不顾一切地求得娱乐消遣和社交，唯恐自己独处，与任何人一拍即合。只因孤独时，人需要委身于自己。他内在的财富的多寡便显露出来；愚蠢的人，在此虽然身体衣着，也会为了他有卑下的性格呻吟，这原是他无法脱弃的包袱，然而，才华横溢之士，虽身处荒原，亦不会感到寂寞。

——叔本华

我是否曾主张，我们应对向着我们而来的一切灾难低头屈服？绝不！那只是宿命论的主张。只要有能让我们解救情况的一丝机会，我们便要奋斗。但是当常识告诉我们，我们正面对某种不可能改变的情形——而且不会有别的状况时——那么，我们便应该理智地接受它，不要"瞻前顾后，为不可抗拒的事苦思不已"。

——卡耐基

我，常常在静谧的月光下，独自叹息、啜泣、满怀难言的忧伤；突然间，我的灵魂感到一阵幸福的战栗，有股圣洁的、充满活力的新生命流到了我心上；我的眼睛看到了一个崭新的世界，透过那蓝色的夜空，有颗期待的星，从远处向我投来喜悦和明亮的光。

——柴可夫斯基

凡一切人间的事物，财富、荣誉、权力，甚至快乐、痛苦等——皆有其确定的尺度，超过这个尺度就会遭到毁灭。

——黑格尔

怜悯常常是一种对表现在他人损失中的我们自己的损失的情感，是对我们今后可能遭到不幸的一种先见，我们给他人以援助是为了保证他们在今后相似的情况下给我们以援助。恰当地说，我们给予他们的这种服务，是一种提前为我们自己做出的有利安排。

——拉·罗什福科

忧愁有许多光滑如绸、筋骨强健的手，紧紧抓住人们的心灵，使之饱尝孤独的痛苦。孤独，是忧愁的伴侣，也是每次精神活动的密友。顶住孤独和忧愁侵袭的少年的心，犹如刚刚从花萼中绽出的洁白的百合，在微风的吹拂下颤动，迎着晨光敞开花蕊，随着暮霭的降临合上花瓣。一个少年如果没有令他心驰神往的游乐场所，没有志同道合的友人，那么，生活对于他不啻是一个狭窄的牢笼，四周能见到的只是蜘蛛网，能听到的只有唧唧的虫鸣。

——纪伯伦

正如商人欣然地从他的收入里取出钱来，加到他的资本里，伟大的人也非常愿意丧失个别的能力与才干，使他能够在提高他的生命方面进益。心灵的知觉一旦开放，人们就永远愿意做更大的牺牲，放弃他们显著的才能，以及最能帮助他们获得目前的成功的工具与技巧，还有他们的权力与他们的声誉——将一切都丢在脑后，因为他们渴望与神灵交通，永远没有满足的时候。有一种更纯洁的声名，有一种更伟大的能力，作为这牺牲的酬报。这是我们的收获又化为种子。正如农民将他最好的稻穗种到地里去，将来有一个时候，我们也不吝惜任何东西，而会热心地将我们现在所有的一切——甚至于比这更多的——都换成工具与能力，那时候我们情愿将太阳与月亮也当作种子播种。

——爱默生

我们所寻求的自由并不是那种压迫别人的权力，而是按照我们的意愿去生活，按照我们的意愿去思想的权力，而且，不会阻碍他人也按自己的意愿去生活和思想。

——罗 素

摔倒而不堕落的人是少有的；况且不幸的人和无耻的人往往在某一点上被人们混为一谈，被加上一个笼统的名称、置人于死地的名称：无赖。这究竟是谁的过错呢？

——雨 果

我们这个世界，你自己两手空空，人家对你不理不睬。不论买什么东西，都得多付百分之五十。你受到了恩惠，就得付出劳动。事实上，受到了恩惠，也就负了一笔债，这笔债常常越积越高。仿佛遭到敲诈勒索，你越付，债越高。早晚你会体会到人家给你的好处只是害了你，你但愿从没有过这回事才好。

——马克·吐温

情感是所有这样的感觉：它们改变着人们，影响着人们的判断，并且还伴随着愉快和痛苦的感觉。这类情感有愤怒、怜悯、恐惧等，以及与它们对立的情感。

——亚里士多德

一个孤独的人才是真正幸福的人；唯有上帝才享受了绝对的幸福；不过，我们当中谁知道这种幸福是什么样的呢？一个力量不足的人即使自己能够满足自己的需要，照我们想来，有什么乐趣可说呢？也许他将成为一个孤孤单单、忧忧郁郁的人。我认为，没有任何需要的人是不可能对什么东西表示喜爱的，我想象不出对什么都不喜爱的人怎么能过幸福愉快的生活。

——卢　梭

处于高峰体验中的人已不完全是受世界法则支配的尘世事物，更多的是一种纯粹的精神。就内在精神规律与外在现实规律的区别而言，他更受前者而不是后者的支配。这听起来似乎自相矛盾，它也不可能不具有某种意义。当对自我和他人两方面互相支持，相得益彰。处于高峰体验中的人无为而为，也就是说，他顺应天性，听任自然，任其所为，而不是人为控制，此时他已把自己从非死中解放出来，不再受其支配，不再循规蹈矩，亦步亦趋，而是按照自身内在规律和法则行事，最大限度是为自身。

——马斯洛

凡其人格发展尚未超出获取性、剥夺性或贮藏性阶段的人，只可能如此理解给予。交易性人格乐于给予，但其条件是交换；对他来说，无所获取的给予等于上当受骗。凡其人格的主要倾向属非生产性者都把给予视作亏损，因而这类人多半都拒绝给予。也有人承认给予是一种富有自我牺牲的德行，他们认为：正因为给予是一种痛苦，所以人应该为之；给予即道德，因为它意味着担当牺牲。对他们而言，"宁与勿取"这句箴言不过意指：宁可遭受掳夺也不享受欢乐。

——弗洛姆

既然我们不能达到伟大的地步，就让我们挑剔它以图报复吧。当然，并非绝对地挑剔任何事情，因为缺点在一切事物中都存在。无论多么美妙或多么令人向往的事物中都能发现瑕疵。总的说来，伟大就有这一明显的便利，即它如果愿意，它就能屈尊低就，而且，近乎于对上下两种地位有自由选择权。因为一个人并不一定从绝顶往下摔，另有几种高度，从此往下可能会降低某人地位，但并不垮台。真的，在我看来，我们对伟大估价过高，对于我们所见所闻的谴责伟人的决心也估价过头。

——蒙　田

人们总想以最适当的方式来画出一幅简化的和易领悟的世界图像；于是他就试图用他的这种世界体系来代替经验的世界，并来征服它。这就是画家、诗人、思辨哲学家和自然科学家所做的，他们都按自己的方式去做。各人都把世界体系及其构成作为他的感情生活的支点，以便由此找到他在个人经验的狭小范围里所不能找到的宁静和安定。

——爱因斯坦

一个具有一定兴趣和信念的人会发现，生活于某一群体中时，自己实际上成了一个被驱逐者，在另一个群体中，则又作为一个完全正常的人而被接受。许许多多的不幸，尤其是青年人的不幸，即由此而产生。

——罗　素

经验表明，善于沉默者，常能获得别人的信任。这可以称作牧师的美德。守秘密的牧师肯定有机会听到最多的忏悔。却没有谁愿意对一个长舌人披露自己的隐私。正如真空能吸收空气一样，沉默者能吸来很多人深藏于内心的隐衷。人性使人愿意把话向一个他认为能保守秘密的人倾诉，以求减轻自己心灵的负担，还可以说，善于保持沉默是获得新知的手段。

——培　根

对内在改造危害最大的事莫过于自满。在通往快乐、迈向真正道德改善的道路上，行进的速度一向慢得无以察觉，只有在漫长的时期之后，人才会发现自己的成就。

——托尔斯泰

谁是贤人？——不断学习的人。

谁是强者？——懂得限制自己的人。

谁是富人？——知足的人。

——犹太教法典

当我们的热情引导我们去做一件事情的时候，我们就忘掉了我们的责任。比如我们喜爱一本书，我们就会读这本书，而这个时候我们本该去做别的事情。因而，要使自己从事某种自己所憎恶的事情，这时候我们就要托辞自己还有别的事情要做，并且我们就以这种方法使自己记起了自己的责任。

——帕斯卡尔

忧郁的人像失眠的人一样，常常以此自豪，也许他们的骄傲好似那种失掉了尾巴的狐狸。如果如此，那么救治的方法是让他们明白怎样可以长出一条新的尾巴。我相信，如果有一条幸福之路摆在眼前，很少人会胸有成竹地去选择不快乐。我承认，这等人也有，但他们的数目无足轻重。因此我将假定读者是宁取快乐而舍不快乐的。能否帮助他们实现这愿望，我不知道，但尝试一下总是无害。

——罗　素

由于恶人、愚笨的人和懒惰的人不能享有幸福，这就可以推论出，善人、勇敢的人和智慧的人生活不会是不幸的。任何人的值得称赞的美德和品格都不能不引导值得称赞的生活。这样的生活不是那种要被避开的生活。而如果它是不幸的，它就会被避开。所以值得称赞的生活必然是幸福的、好运气的和值得向往的。

——西塞罗

如果你在所面临的情况下从事工作，并认真地、强有力地、平静地追求真正的原因，不考虑使你分心的任何其他事情，但完全保持你的神圣职责。如果你坚持这一点，不期待什么东西，也不惧怕什么东西，但对你依据自然的现有活动，对你所说的每句话里的英雄事实都表示满意，那你就将过着幸福的生活。没有人能阻止你做到这一点。

——奥勒留

个性是境遇造出来的，用同样的材料，有的人造出了宫殿，也有人造出了陋室。

——莱　斯

她还从来没有体验过这种全身心所感到的骚动的情绪，这种如痴如醉的欢乐，这种内心深处的激动，而她相信这就叫做爱情。她觉得自己开始爱上他了，因为每一思念到他，她常感到自己有点魂不守舍，而她又不断地想起他来，他在面前时，她心就要跳动；目光相遇时，她的面色就红一阵白一阵；听到他的声音，浑身就感到战栗。

——莫泊桑

当爱挥手召唤你们时，跟随着他，
尽管他的道路艰难而险峻。
当他展翼拥抱你们时，依顺着他，
尽管他羽翼中的利刃会伤害你们。
当他对你们说话时，要相信她。
尽管他的声音会击碎你的梦，像狂风尽扫园中的花。

——纪伯伦

一个人和另一个人心灵之间的壁垒是永远也没有办法打破的。心灵真是孤单得可怕的一件东西啊！

——泰戈尔

一个人能把一切现实的东西都铭刻在他的思想里，把一切幸福的源泉都输送到他的灵魂里，排除一切尘世的污垢，从而提炼出无数理想的快乐，那时候，他的生活该是多么美满。

——巴尔扎克

在心灵里，正如在覆盖着积雪的泥土里一样，深深地埋藏着一丝没有来得及开花结果的思想感情的种子、生活印象的新种子，穿过慵懒的冷淡和对自身的力量极不信任的厚层，不知不觉地钻入隐秘的心灵深处，积聚在那里，使内心感到沉重，这些种子常常等不到生命在心灵内外生长所必需的光明和温暖，就和人一块死去了。

——高尔基

我拥抱平凡的东西，我探究那些熟悉卑微的东西，我坐在他们脚下。我只要对现代有鉴察力，古代与未来的世界我都可以不要。我们真正想知道什么东西的意义？小桶里的面粉、锅里的牛奶、街头的民歌、船只的新闻，眼睛一瞥，身体的式样与走路的姿态——给我看这些事物的基本理由。

——爱默生

幸福要用结实、有力的双手去捕捉，可是你们这些胆小、懦弱而又萎靡不振的人，若不凭借外力连苍蝇也捉不到一个，甚至同苍蝇作战，你们也要借助于有毒的"灭蝇纸"。

——高尔基

在人类的感情里，经常存在着一种隐秘的原动力，这种原动力一旦被某种看得见的目标所吸引，或是被某种虽然看不见、却想象得出来的目标所吸引，就会以一种勇往直前的力量推动着我们的灵魂向那目标扑过去，如果达不到目标，就会叫我们痛苦得受不了。

——笛福

十一月
自我的疆界

　　对爱情的渴望，对知识的追求，对人类苦难不可遏制的同情，是支配我一生的单纯而强烈的三种感情。这些感情如阵阵飓风，吹拂在我动荡不定的生涯中，有时甚至吹过深沉痛苦的海洋，直抵绝望的边缘。

——罗　素

一个爱人的人不应该忘掉自己的需要。这话听起来十分可怕。其实每个人都有自己的需要。很多人以为我们的物质需要最为重要，拼命去满足自己的物质需要，其实我们并不需要很多的物质。我们能吃得很好，也基本上住上了不错的房子。我们对自己的身子也十分留心，一有病就要去看医生，殊不知更重要的却是我们精神上的需要。

——巴士卡里雅

不负责任的自由产生无秩序和混乱。不尊重伦理的个人主张的是对人性的蔑视。不尊重义务只强调权利的主张，决不会造成真正的民主主义社会。不负责主义的享乐，只能是瞬间即灭的肥皂泡。

这样的生活方式只能给自己留下悲哀和空虚。而尊敬和信赖生活的人，肯定有充实的人生。深知父母、老师、国家、社会的恩典，知恩图报，不正是人的正确生活方式吗？

——池田大作

我从不寻求别人对我的关切，因为值得重视的不是人们对我的赠予，而是我能给别人什么；别人议论我什么，这并不重要，重要的是我如何看人，我一个人生活，生活在自我之中：大家要求于我的，我全部真诚地奉献给了大家；仅仅属我个人需要的东西，我把它深深藏在我的心底，不愿让我的亲友为我在颓丧和疲倦时所产生的无益的伤悲去耗费心力。

我也不曾向人们哭泣和呻吟过，但我却总是把我的全部喜悦与欢乐的财富拿来同大家共享。我的内心创痛持续得不久，因为我从不刺激它，也不压制我的理智，因为我知道：一个人的诞生总伴随着母体的疼痛和流血，而我的心灵对于生活中的一切现象却负有生母与教母的责任。

——高尔基

在感情世界里一切的需求、爱、满足和期许都隐含了某种程度的紧张和不确定。尽管它代表着危机，充满了恐惧，它还是带给人们一股莫名的兴奋，激起了澎湃的激流，它象征着生命的激情。

——康若·高恩

几乎每认识一个人我都体验到失望的沉重感。我把他想象成同自己一样的人，用这个尺度去衡量他。应该从此习惯于把自己看成一个例外，或许我已经超越了自己的时代，或许我是一个永远不会满足的落落寡合的乖僻者。我必须用另外一个尺度（低于我的）去衡量别人，这样我就会少犯错误。长时期以来我自己欺骗自己，以为我有朋友，他们是一些理解我的人。无稽之谈！我还没有遇到过一个人像我这样道德高尚，并且相信我不记得自己一生中有什么时候不追求善，不准备为了善而牺牲一切。

——托尔斯泰

任何恐惧都是有害的。我深信我死以后会化为腐泥，任何自我都将不复存在。我并不年轻，我也热爱生活。但我鄙弃一想到死亡便吓得直哆嗦。幸福并不因为它必将终结而逊色，思想与爱情也不因为不能永存而失去它们的价值。

——罗 素

活着的人对于生命的谴责归根到底只是一定类型的生命的征兆，至于是否有道理，这个问题完全没有借此而提出来。一个人必须在生命之外有一个立足点，用不同的方式，如同已经活过的一个人、许多人、一切人那样去了解生命，方能真正触及生命的价值问题。

——尼 采

对爱情的渴望，对知识的追求，对人类苦难不可遏制的同情，是支配我一生的单纯而强烈的三种感情。这些感情如阵阵飓风，吹拂在我动荡不定的生涯中，有时甚至吹过深沉痛苦的海洋，直抵绝望的边缘。

——罗 素

人只有在了解责任的实践时，生命才会充满智慧。我们都知道死亡是不可避免的，却不知道生命何时终结，就如我们不知道从何处来一样。

——亨利·乔治

如果我们追求的享乐要以损害美德为代价，那就是罪恶。

——休 谟

我们必须敦促自己，更注意去发展那些与丰富知识、提高技能不同的东西——如果它存在的话。人要变得有价值，那就意味着要发展我们与他人相处的关系，要善于在闲暇之际适当地娱乐。在这发展中，伴随着新的阶段，会出现新的障碍，这样，为了每向前一步，往往就要向后退一步或半步。

——布瑞南

一个人如果由于只想到自己，因而只爱他本人的话，他就再也感觉不到什么叫快乐了，他冰冷的心再也不会被高兴的事打动了，他的眼睛再也不会流出热情的眼泪了，他对任何东西都不喜欢了。这可怜的人既没有什么感觉，也没有什么生气，他已经是死人了。

——卢 梭

人只需要了解自己本身，使自己成为一切生活关系的尺度，按照自己的本性去估价这些关系，真正依照人的方式，根据自己本性的需要，来安排世界。

——马克思

唯有强烈自我反省的人，才能透彻地了解自己。换句话说，就是把自己看得很清楚，我称之为"自我审察"，把自己的心从身体中分隔出来，再从外界仔细地审视。能做到这个地步的人，即可诚恳无私地了解自己。

这样的人很少犯错误，因为他可以非常自然而不受任何约束，也知道自己有多少力量，能做多少事情；以及自己的特长是什么？缺点在哪里？

——松下幸之助

假如说成功是有秘诀的，那就是要具备体谅别人立场的能力。也就是以自己的立场观察，以别人的立场思考的能力。

——亨利·福特

当人心为感官快乐所奴役，直到安之若素，好像获得了真正的最高幸福时，人心会陷溺在里面，因而不能想到别的东西。但是当这种快乐一经得到满足时，极端的苦恼立即随着产生了。这样，人的心灵即使不完全失掉它的灵明，也必定会感到纷乱，因而麻木。对于荣誉与资财的追求，特别是把它们自身当作目的，当作至善的所在，是最足以令人陷溺的。

——斯宾诺莎

一个人身上有许多力量，生命赋予他许多光明、快乐的东西，赋予他许多理智的东西，使他能够战胜一切，甚至能够战胜死亡的恐怖。理解一切事物及一切人，永远看到善良，仇视邪恶；理解灾难与痛苦——无论是自己的，还是他人的，胸中满怀豪情才能经受得住命运途中所遇到的一切情况。人的一生中最大的幸福就是你能把感情贡献给人们，而人们也能同样地对待你。

——捷尔任斯基

一个人如果把他的热情用于提高本人的文化水平这个唯一目的，他就可能更加善良和使人尊敬！当功名心认为伟大和荣誉只在于获得的知识，而抛弃使人贪婪的不纯洁活动机的时候，人们就会感到幸福。

——圣西门

我曾因一种强烈的苦恼而痛苦，而且远非仅仅是强烈的，如果我只凭借自己的力量，我也许就会沉溺其中。我需要一种强有力的东西分散我的注意力，以解脱自己。靠艺术与学习，我变得多情了，青春活力援助我身：爱情给我以宽慰和援救，使我摆脱了痛苦。我是因朋友交情而罹此苦的。

——蒙　田

我绝不赞美一种德行过度，例如勇敢过度，除非我同时也能看到相反的德行过度，就像在伊巴米农达斯的身上那样既有极端的勇敢又有极端的仁慈。否则的话，那就不会是提高，那就会是堕落，我们不会把自己的伟大表现为走一个极端，而是同时触及两端并且充满着两端之间的全部。然后，也许从这一个极端到另一个极端只不外是灵魂的一次突然运动，而事实上它却总是在某一个点上，就像是火把那样。即使如此，它至少显示了灵魂的活跃性，假如它并没有显示灵魂的广度的话。

——歌 德

我们因忧虑死亡而烦扰生活，因忧虑生活而烦扰死亡：一个使我们痛苦，另一个叫我们受惊。我们并不防备死亡，那是一瞬间的事情。一刻钟的受难，毫不紧要，毫不损害，不值得特别的教诲。老实说，我们防备对死亡的准备。

——蒙 田

在一定程度上来讲是这样：我们被赋予自己的躯体，自己的诞生地和生活中的位置，但这并不意味着我们不能改变现状。我们有可能变成我们想要自己成为的任何样子。

——西德尼·谢尔顿

那种"只知自爱却不知爱人的人"，最终总是没有好结局的，虽然他们时时在谋算怎样为了自己而牺牲别人，而命运之神却常常使他们自己最终也成为自己的牺牲品。纵使人再善于为自己打算，却毕竟不能捆缚住命运之神的翅膀啊。

——培 根

一个从未受到重大挫折的人，将保持对外部世界的天生兴趣，只要他保持这一兴趣，他就会发现生活是快乐的，除非其自由受到了不适当的限制，在文明社会中，热情的丧失大多是因为自由受到了限制，而自由是我们生活方式的要素。

——罗 素

我们希望真理，而在自己身上找到的却只是不确定。我们追求幸福，而我们找到的却只是可悲与死亡。

我们不可能不希望真理和幸福，而我们却不可能得到确定也不可能得到幸福。这种愿望留给我们，既是为了惩罚我们，同样也是为了使我们感到我们是从何处失落的。

——帕斯卡尔

叔本华说："人虽然能够做他所想做的，但不能要他所想要的。"这句话从青年时代起，就对我是一个真正的启示。在我自己和别人生活面临困难的时候，它总是使我们得到安慰，并且永远是宽容的源泉。这种体会可以宽大为怀地减轻那种容易使人气馁的责任感，也可以防止我们过于严肃地对待自己和别人；它还导致一种特别的幽默的人生观。

——爱因斯坦

那种把渴望得到欢迎作为首要动机的人，内心并没有去做出某种特别的艺术表现的强烈冲动，因此对他来说，去从事另一完全不同的工作也无所谓。这种人如果未能通过艺术而赢得欢迎，最好就此罢手。

——罗 素

狡猾是一种邪恶的聪明。但狡猾与机智虽然有所貌似，却又很不相同——不仅是在品格方面，而且是在作用方面。例如有人赢牌靠的是在配牌时捣鬼，但牌技终归不高。还有人虽然很善于呼朋引类结党钻营，可是真做起事来却身无一技。

——培 根

人生是短促的，所以这样讲，不是由于它经历的时间少，而是由于在这很少的时间当中，人们几乎没有时间去领略它。死亡的时刻固然同出生的时刻相距得很远，如果当中的时间不是很好度过的话，人生是极其短促的。

生活得最有意义的人，不是活得年岁最大的人，而是对生活最有感受的人。

——卢 梭

我现在只是用我的贫穷和他们的财富做交易；但是我的心和他们的寡廉鲜耻的心相比，距离有几千万里。我的灵魂在天堂里，他们想用小小的恩惠或轻蔑的表示，作为接触我的灵魂的工具，这是可能的吗？

——司汤达

现在人们称之为庞然大物的东西，是由全世界十个意志坚强的人组成的，十个人就可以把它摧毁。一个人，一个敢于否定他们的活生生的人，他就是在摧毁这种权力。可是如果你们不敢挺起腰来，而总是想：也许我能过关，如果你们以曲求伸，心存侥幸，不去击其要害，如果你们甘当奴隶，命运依旧，他们就永远拥有权力。

——茨威格

人类的本性也只是接受环境的教训，被迫去做许多各式各样的事情，后来理性对自然所提示的东西进行加工，做出进一步的发明，在某些事情上比较快，在另一些事情上比较慢，在某些时代做出伟大的进展，在另一些时代进展又较小。

——拉尔修

没有人可以替你拿主意。他们可以解决自己的问题，你应该为他们高兴，但是你的生活还要你自己负责。看看自己负责之后生活会出现什么奇迹吧！这样做不仅可以使你摆脱束缚，得到全部自由，而且也为大家解除了束缚，因为你的所作所为也不必别人为你负责了。

——巴士卡里雅

人的灵魂有如一颗自己会从内部发光的透明球，它的光芒不仅是所有光明与真理的来源，而且会照亮周遭的一切事物。在这种状态下，灵魂是自由与快乐的。只有在你沉迷于外在的诱惑时，灵魂的球才会变得混浊、阴暗与不透明。心神的散漫会遮蔽为你照亮前路的光。

——奥理略

良知——就是对那个存在于所有人身上的灵魂生命的觉悟。只有当良知成为这种觉悟时它才是人们生活的可靠引导者。然而人们往往并不把良知理解为对这个灵魂生命的觉悟，而理解为被他们周围的人所品头论足的那些东西。

——托尔斯泰

当你感到苦恼，当你害怕他人，当你的生活发生混乱的时候，你要对自己说："让我不去再想那些与我相关的事，我要爱所有与我相逢的人，别人都不想，随它去吧。"只要尝试一下这样生活，你会看到，突然之间一切都变得有条有理，你将无所畏惧，也无所欲求。

——托尔斯泰

坚持你自己，决不要模仿。你自己的天赋可以随时以自己毕生修养所积蓄的力量加以表示，但是，模仿他人的才华，你只能暂时地、部分地占用。

——爱默生

粗心的错误，往往不知看重自己所拥有的可贵的事物，直至丧失了它们以后，方才认识它们的价值。无理的憎嫌，往往伤害了自己的朋友，然后再在他们的坟墓之前捶胸哀泣。

——莎士比亚

如果你是聪明人，你会了解自己的无知；如果你不认识到这一点，就是愚昧。

——卢　梭

一个人如果由于只想到自己，因而只爱他本人的话，他就再也感觉不到什么叫快乐了，他冰冷的心再也不会被高兴的事情打动了，他的眼睛再也不会流出热情的眼泪了，他对任何东西都不喜欢了。这可怜的人既没有什么感觉，也没有什么生气，他已经死了。

——卢　梭

你应该紧紧把握住现在。生活本来不是孤立的，它只是冷冷的人类生活经验的一部分。每一个新时代的生活都有影响，也要受到人类生活经验的影响。

——巴士卡里雅

真知绝不限于你眼皮底下的某一件小事，而是理解最小的事物怎样与整体相联系。任何一件东西的存在理由都不在它本身，所以正确的运动使我们离开我们自身，这对我们的身体和我们的眼睛同样有益。

——阿 兰

我们都要互相帮助，做人就应当如此。我们要把幸福建筑在别人的幸福上，而不是建筑在别人的痛苦上。我们不要互相仇恨，互相鄙视。这个世界上有足够的地方让人生活。大地是富饶的，是可以使每一个人都丰衣足食的。

——卓别林

必须承认，明智地利用空余时间是文明与教育的结果。一个习惯于整天长时间工作的人，一旦空下来，一定会感到厌烦。但一个人一生中没有充分的闲暇，就接触不到许多美好的事物。

——罗 素

独处对于生活在人群中的人是有益的，交往对于不生活在人群中的人也同样有益，人一旦脱离人群，进入自己的内心，理性立刻会摘下他那副歪曲一切的本来面目的有色眼镜，他对事物的看法也清楚了，他甚至会诧异，为什么以前他竟然没有看到这一切，只要理性继续起作用，它就会指出你的使命何在，并且给你规定一些准则，让你带着这些准则勇敢地走向人群。

——托尔斯泰

以轻松的态度面对自己，而以严肃的态度面对人生。如果适得其反，我们就有烦恼了。

你以严肃的态度来面对的事，是你和他人之间的关系。但是幽默对你生活上任何一件事都有感染的效果，它能使工作热心、有勇气、肯努力。它使你把独特的自我投身到工作中，连最无聊的工作都可提升到表现自我的层次。

——特 鲁

　　"当自己的主人"这个说法不是很可笑吗？因为当自己的主人也是自己的奴仆，当自己的奴仆也是自己的主人。主人和奴仆是一个人。

　　不过，这话的意思似乎是说，人的灵魂里有一个比较好的成分和一个比较坏的成分。好的控制坏的时，就说他"当自己的主人"。这当然是褒辞。如果他由于教养不良，交友不善，因而好的成分小，被居多数的坏成分所控制，那就说他"当自己的奴仆"，没有决断了。这是贬词。

　　好的统治坏的就叫节制，就叫"当自己的主人"。

——柏拉图

　　满足的秘诀，在于发现自己的能力和限制所在，在能做好的活动中找到满足，再加上智慧以明白自己的处境，不论多重要或多成功，在宇宙中永远也算不得什么。有勇气做真正的自己，单独屹立，不要想做别人。

——林语堂

　　我活得越久，便越确定热忱是所有特性或胜负中最重要的。通常，一个成功者和一个失败者的技艺、能力和才智差异并不很大。假使有两个人，以同等的能力、才智、体力与其他的重要性质开始，会出人头地的是那个满腔热忱的人。同时，一个能力平平却抱持着热忱的人，往往能超越一个能力很强却毫无热忱的人。

——威廉斯

　　谁要是在世界上遇到过一次友爱的心，体会过肝胆相照的境界，就是尝到天上人间的欢乐——值得终身为之苦恼的欢乐。

——罗曼·罗兰

　　一个人出于心中的善良，说出一句鼓励的话，给人一个鼓舞的微笑，或抚平别人路径上不平的一个地方，是因为他了解，他感觉到的快乐是自身最亲密的一部分，他必需依靠它而活。超越那一度似乎不可移除的障碍，并把成就的疆界推向更远的快乐——有什么快乐能及得上它？追寻快乐的人们，若能稍稍停下短短的一分钟，并想一想，便会察觉，他们所真正体验到的欢乐，像自己脚边的小草，或是早晨花朵上的露珠，数也数不清。

——海伦·凯勒

十二月
生存的智慧

当面指责别人是不好的，因为这会令人难堪，而在背后指责人是不诚实的，因为这是欺骗人。最好的方法，不在别人身上寻找坏的东西，忘掉别人的坏处，而在自身寻找不良的东西，并牢牢记住。

对别人的坏事知道得越少，人们对自己就越加严格。

有人说别人的坏话而说你们的好话时，千万不要去理睬他。

——托尔斯泰

　　在我们每个人的才智中，我们的道德和我们的气质都不断平行地发展着，这种平行发展，除非在生活发生大骚乱的时候，才会被破坏。

——雨　果

　　思想自由是一个人所能得到的唯一的、最珍贵的自由。只有那种什么也不轻信，一切都要加以探讨的人，只有深深懂得，生活在不断发展、不倦运动、现实生活中的种种现象是变换无穷的人才拥有这种自由。

——高尔基

　　一切的不幸均在于人们把自己的习俗，或如现在所在所说，自己的"生活方式"，视为唯一正确的东西，并对一切违反这种习俗的现象进行不公正的指责，至少也要暗自加以非难。

——爱伦堡

　　各位可知道，比命运的逆转更令人难堪的是什么吗？那是人类的卑劣和可憎的忘恩。

——拿破仑

　　面对各种各样的生活方式，我们应当允许它们的存在，承认他们的存在，也许我们社会会在其中的一种方式中永恒地生存下去，有谁知道呢？海明威在很多年前曾说过一句话，对我来说，真是振聋发聩，他说他将不再说："我决不会那样做。"因为他发现，若干年后他将正在做他"决不会做"的事。

——奥　托

　　真正的奥秘是：要想真正地"生活"，也就是使生活得到合理的满足，你必须有一个适当的现实的自我意象伴随着你。你必须能接受自己。你必须有健全的自尊心。你必须信任自己，你必须不以自我为耻。你必须随心所欲，有创造性地表现自我，而不是把自我隐藏或遮掩起来。你必须有与现实相适应的自我，以便在一个现实的世界中有效地发挥作用，你必须认识自己——包括你的长处和弱点，并且诚实地对待这些长处和弱点。你的自我意象必须合理地近似于"你"本人，不能多也不能少。

——马尔兹

我并不年轻，我也热爱生活。但我鄙弃一想到死亡便吓得直打哆嗦的人。幸福并不因为它必将终结而逊色，思想和爱情也不因为不能永存而失去它们的价值。

——罗　素

一个人的内心如果还有能力享受时，他就能在日常很多简单平凡的事物中发现乐趣，也能享受在物质方面获得的任何成功。一个内心的享受能力已经死去的人，在什么事情上都找不到乐趣：没有一个目标值得他努力，生活枯燥之极，一切都没有价值。事实上，乐趣是创造性功能和创造性目标追求的一种伴随物。

——马尔兹

一个冷静的倾听者，不但到处受人欢迎，而且会知道许多事情。

——威尔逊

我们没法常使人感到满足，但我们可以时常把话说得使人高兴。

——伏尔泰

一次美妙的撤退所收到的奇效，就如同一次勇敢的出击所达到的效果。当你已经足够功绩显赫，甚至光芒四射时，你就得将其光芒隐藏起来。延续太久的幸运总令人疑心；时断时续的幸运似乎更让人觉得安全，尤其是当其间夹杂一点点酸甜时更觉其味甘甜。幸运堆积得越高，崩溃的危险越大，到最后可能会使一切都化为乌有。幸运之神有时会让你享受短暂的幸运，以此来显示幸运的程度。如果幸运在一个人肩上担负得太久，她自己也会感到疲倦的。

——葛拉西安

有各种不同的求知欲：一种是出于利益——即想学会可能对我们有用

的东西；另一种是出于骄傲——即想知道他人不知道的东西。

我们热爱新知识的原因，并不是因为我们对于旧知识的厌倦和对知识更新的爱好，而是因为厌倦了那些太了解我们的人不多的钦佩，希望得到那些不太了解我们的人更多的赞扬。

——托尔斯泰

敌人有时比朋友更有用，因为朋友往往会原谅你的弱点，敌人则会加以利用，并吸引你的注意。不要忽视敌人的意见。

——托尔斯泰

对于事情的新奇所表现的敬慕，会增高你的成就的价值。在桌子上把弄牌是无用而又乏味的。如果你能不立刻宣布自己的身份，就会引起人们的期望，特别是当你地位的重要性使你成为一般人注意的目标时。让一切事情掺上一点神秘的成分，神秘就会引起敬意。当你说明时，不要明讲，就像你在平常的社交中不暴露你最内心的思想一样。慎重的沉默是世间智慧的圣中之圣。决心一旦被宣布出来就永不会被看重，它只会留下被人家批评的余地。而如决心没有实现，你就会增加不幸。此外，当你引起人们的惊奇和注视时，你就是在模仿神性。

——葛拉西安

灵魂就是肉体，肉体也就是灵魂。有人告诉我们，说灵魂和肉体是两回事，那是因为他们要我们相信：我们要是肯让他们奴役我们的肉体，我们就可以保留我们的灵魂。

——萧伯纳

一经失去的东西是拿不回来，也不必去想念它，如果一定要为这些无可挽回的事情而怨天尤人，那就等于自己打倒自己。我们是整个世界都打不倒的，自己却能打倒自己。

——密西尔

有的人紧盯着一个目标，面向一个目的地，专心致志地努力，朝气蓬勃地生活，这样的人非常美丽。与之相反，有的人在生活中随波逐流，左顾右盼，玩弄小聪明，这样的人实在丑陋。要使自己美丽，就要有自己的信念，自己的理想。

——池田大作

事情往往是这样的：当一个人变得越低贱、越卑劣的时候，我们便越能理解他，觉得他可亲近。坏人总是比好人更能得到我的关注，这是因为对于我们每一个人来说，同坏人相比要比同好人相比更有利。

——高尔基

你可以选择生活，选择爱情，选择关心他人，信任他人，选择希望和信仰，选择真善美，这在于你自己。你也可以选择失意、痛苦、选择使人不安，而自己偏执顽固，但是这又何必呢？这种选择不合情理，只会自添烦恼，是自作自受。但是有一点要先提醒大家：一旦你决定对自己负责，你就会发现生活的道路并不平坦，你得学会重新冒险。会冒险，才有可能变化。

——巴士卡里雅

如果说责任感折磨着一个人的话，那它也能使人完成非凡的事情。

——马卡姆

所罗门曾说："讲私情没有好处。它使人为了得到一块面包而破坏法律。"还有一句古话说得好，"地位展示性格"。这就是说，在高位上的表现将使人的品格暴露无遗。这句话相当有道理。

地位越高修养越增，这是具有善的品格的最好证明。因为荣誉是来自或者说只应该来自于美德。但世人往往当其未得志的时候，尚能具有某些美德，而一旦有了权势，就丧失了这种美德。这正如在自然界中物体的运动一样，在启动时很迅速，而在行进中则缓慢下来了。

——培根

人如果不在房子上加盖屋顶，在窗框加窗户，反而走进暴风雨中怒斥风、雨和云，我们会认为他已经疯狂。但是我们不去对抗存在我们之中的邪恶，这和改变气候与命令云消失一样，是不可能的。然而，如果我们教育与改善自己，而且要求别人这么做，世上的罪恶便会减少，所有人都能过着更好的生活。

——托尔斯泰

书籍的原理是高尚的。最初的学者接受他四周的世界，这使他沉思；在他自己内心里把这一切重新整顿过后，他又把它陈述出来。它进入他里面的时候是人生，它从他里面出来的时候是真理。它到他这里来的时候是短暂的动作，它从他里面出去的时候是不朽的思想。它到他这里来的时候是事务，它从他那里出去的时候是诗歌。它以前是死的事实，而现在，它是活的思想。它可以站得住，而它也可以走动。它一会儿是稳固耐久的，一会儿又飞翔，一会儿又予人以灵感。当初孕育它的心灵有多么深，它就飞得多么高，歌唱得多么久，那比例是非常精确的。

——爱默生

比起对生活的一般热情来，非常专门的兴趣，作为幸福的源泉令人感到不够满意，因为后者很难填补一个人所有的岁月，并且总存在着这样的危险：他或许会在某一天全部知晓那已成为其爱好的某一特殊事物，而这又使他感到兴味索然。

——罗　素

对接受物质、兽性法则作为生命主要法则的人而言，以苦难与死亡形式出现的灾祸，显然是无所不在。人只有自我贬抑到动物状态的时候，才会恐惧死亡与苦难。要逃离这种恐惧，唯一的道路便是实践神的律法，也就是表现在爱之中的律法。根据神的律法生活的人，没有死亡也没有苦难。

——托尔斯泰

不论你对人的起源命什么名称，人类想要去了解、感受的精神特质是神圣的，也是永恒的。

——西塞罗

仰望天空，俯视大地，想想万物俱逝。触目所及的所有山川、苍生与大自然的创造物，都有消逝的时候。然后，你就会了解真理，知道何物长存，永不消逝。

——佛教格言

同情有两种：一种是心肠软弱的妇人之仁，看了别人的不幸，心中本能地觉得难受，立刻不顾一切地想解除这目不忍睹的现象，完全出自感情的冲动，常常是成事不足败事有余的；另一种是配合着冷静理智的真正同情。有正确的认识，贯彻的毅力，还有坚强的耐性，只有在不慌不忙不屈不挠的状况下，一个人才能真正帮助别人，才能做到舍己为人！

——茨威格

当面指责别人是不好的，因为这会令人难堪，而在背后指责人是不诚实的，因为这是欺骗那人。最好的方法，不在别人身上寻找坏的东西，忘掉别人的坏处，而在自身寻找不良的东西，并牢牢记住。

对别人的坏事知道得越少，人们对自己就越加严格。

有人说别人的坏话而说你们的好话时，千万不要去理睬他。

——托尔斯泰

生活的目的就是自我发展。我们这儿每个人都在追求完善地认识自己的天性。现在人们怕他们自己。他们忘了最高尚的责任，就是个人对自己应负的责任。

——王尔德

如果你开口说的尽是好话，这是世上再好不过的事；如果你开口说的尽是坏话，这是世上再坏不过的事。

——犹太教法典

能使个人生活成为一整体的是一个适合的创造性的目标或不自觉的方向。单有本能不足以使一个文明的男子或女子的生活达到统一：一定要有某种占优势的目标，一个大志，一种为科学或艺术创造的愿望，一种宗教的原则，或强烈和持久的爱。

——罗　素

才智作为一种可能性，只有通过知识和学问，才能付诸实现。这就是说，人的理性有能力做到一切事情，但若没有勤奋不懈的实践，就一事无成。这种知识或者实践就是心灵的完美，这种完美绝非天生固有。

——格里美尔斯豪森

如果你明白，生活中最重要的事——就是爱，那么当你遇到一个人的时候，你想的就不会是这个人可能对你有什么好处，而是你怎样才能给这个人以好处。只有这样，比起你只关心自己的时候来说，你将会在所有方面获得更大的成就。

每个人都尽可能地为自己争取利益，而世上最大的利益就是置身于爱，并与所有人相处和谐。当你感到你只爱一部分人，而其他人并不可爱时，怎样才能获得这种利益呢？人学习最为复杂的技术，学习读书、写字、各种科学、手艺。人一旦像学习科学和手艺那样勤奋地学习爱，他很快就会轻易地学会爱所有的人，包括他所厌恶的人。

——托尔斯泰

一个人只有当他对一切事情都深谋远虑，并有足够自信的时候，头脑才能够清醒。而清醒的头脑就是最好的防御。我知道要到这个地步需要很大的决心，但只要持之以恒，就一定能得到很大的进步。

——德拉克洛瓦

"在心灵给予同意以前，脸容不会泄露年纪，心灵是雕刻家。"

我向年纪说，一如我向群众说，"无论如何，我要克服你"。这一种永不衰老的精神在说着话。

——马尔腾

绝不要告诉人们如何去做，只需要告诉他们要做什么，他们将会发挥他们的聪明才智而使你感到惊奇。

——巴 顿

如果你想达到你的目的地，你就必须用温和一点的态度向人家问路。

——莎士比亚

要一个骄傲的人看清他自己的嘴脸，只有用别人的骄傲给他做镜子；倘若向他卑躬屈节，只会助长他的气焰，徒然自取其辱。

——莎士比亚

生活的目的就是自我发展。我们这儿每个人都在追求完善地认识自己的天性。现在人们怕他们自己。他们忘了最高尚的责任，就是个人对自己应负的责任。

——王尔德

我们称之为慷慨的，经常只是作为一个赠予者的虚荣，我们爱这种虚荣要超过爱我们所赠送的东西。

慷慨常常只是一种伪装的野心，它蔑视那些小的利益是为了得到大的利益。

我们给别人什么东西都不像我们给别人劝告那样慷慨。

——拉·罗什福科

只有强烈的感情，才能创造活生生的作品，只有信仰，才能使精神变为世界的建设者：没有意志克服不了的失败，没有自由精神压制不住的悲伤。

——茨威格

当你对别人发怒的时候，往往是在为自己的心灵寻求辩护，只是极力地去发现你对之发怒的那个人的坏处，这只会增加你的仇恨。我们应当做的恰恰相反：你越是发怒，越要多用心寻找你对之发怒的那个人身上好的地方，如果你在他身上成功地找到了优点，并以爱心待他，那么这不仅会使你的心灵轻松起来，且你将体验到一种特殊的快乐。

如果因一个人做了你认为不好的事而对他发怒，那你要设法弄清楚，他为什么会做那种你认为不好的事。而一旦你明白了原委，你就不会对他发怒，这就像你不能因石头只往下落、不往上飞而发怒一样。

——托尔斯泰

任何较高贵的东西都非常脆弱。树木的根非常强壮，但是花则不然。花非常脆弱，只要吹来一阵强风，它就会被摧毁。

人类的意识也是如此，恨非常强，但是爱则不然。爱就好像一朵花，它很容易被任何石头压碎，被任何动物摧毁。

生命更高的价值必须受到保护。

——奥　修

不再拘泥于自我，就能得到精神上的自由，就能充分使用自我的精神力量。也就是说，精神可以使人从好些不适合自己的工作中获得解放，了解到平常因忧郁或快乐使精神之眼受到蒙蔽的事情，并静静地加以消化、吸收。

——希尔提

忽视健康会妨碍你服务人群，过度照顾身体与注重健康，也会有相同的结果。为寻求中庸之道，你应该适度照顾身体，以协助你服务他人，而不是妨碍你服务他人为度。

——托尔斯泰

对那些只想到生命、生活和爱的人来讲，过去和未来都非常美，因为他们所看到的过去和未来都是无限的。他们可以装饰他们的过去，使它变得尽可能漂亮，虽然他们从来没有活过它，当它曾经一度出现的时候，他们并不在场，这些都只是影子、只是映象。他们一直在赶路，他们在赶路的时候，看到了几样东西，然后他们就认为他们已经经验过了。

——奥　修

要使沉默成为一种共同的利益，要使泄露对两方面都是一种危险。当荣誉处在危急状态时，你必须和一位搭档行动，不要把你的荣誉信托在别人身上；但如果你这样做了，那就要使警戒超过谨慎。让危险成为共同的，让冒险成为彼此的，这样你的搭档就不会成为共犯的证人。

——葛拉西安

不信任自己的朋友比受朋友欺骗更可耻。通常阻止我们向朋友夸耀我们的心灵的并不是我们对他们的不信任，而是我们对自己的不信任。

当人们夸我们的朋友对我们柔情厚意时，经常更多的是由于欲望，人们认识我们的价值而非出于对朋友的感激。人们不能长久地保持对他们的朋友和恩人应当抱有的感情，一旦得到自由，他们就常常谈论那些人的缺点。

——拉·罗什福科

最重要的宽容就是国家与社会对个人的宽容。为了确保个人自身发展所不可缺少的安全，国家当然是必要的。但如果国家变成主体、个人却沦为唯命是从的工具，那么所有好的价值就全部丧失了。只有在人类社会达到足够的开放水平，个人能够自由发展自己能力的时候，人类社会才能取得有价值的成就。

——爱因斯坦

最幸福的心灵气质是品德善良。或者换句话说，它能引导我们行动和工作，使我们在同别人交际时通情达理，在命运打击下有钢铁般的意志，使各种感情趋于适中，使我们对自己的种种想法心安理得，把社会的和交际的愉快看得高于感官的愉快。

——休 谟

幸福是游移不定的，上苍并没有让它永驻人间。世界上的一切都瞬息万变，任何人都不可能求得一种永恒。环顾四周，万变皆生。我们自己也处于变化之中，今日所爱所慕的到明朝也许荡然无存。因此，要想在今生今世追索到至极的幸福，无异于空想。明智之举是当我们惬意时便纵情欢笑，不可因一念之差而失去满足的乐趣。

——卢 梭

人生有两个目标：首先是得到你想要的；再者是享受你所拥有的。只有聪明的人，才能完成第二项。

——史密斯

未来能提供的最美好东西是梦想，真正存在的只有现在。
要珍惜现在，只有在现在的时光中才能了解永恒。

——歌　德

我瞧不起那些对一切事物的短暂性不胜伤感，又一心盘算着尘世浮名浮利的人。人生一世不就是为了化短暂的事物为永久吗？要做到这一步，就须懂得如何珍视这短暂和永久。

——歌　德

在30岁的时候，一个人应该了解自己已像了解自己的手掌一样，应该确切知道自己有哪些缺点和优点，应该知道自己能走多远，能预见未来将成为什么人。而且更重要的是接受这一切。

——加　缪

如果你的日常生活似乎是乏味的话，那就不要责怪它；责备你自己吧，责备你自己没有诗人那样的想象力，以唤起日常生活的丰富性。因为对于一个创造者来说，没有贫乏这回事，不存在无足轻重的贫乏之地。

——里尔克

缺点只能被不怀有爱的人所察觉。因此，为了发现缺点，就必须无情，但却不应因此而超出必要的限度。

——歌　德

对人无礼，不是一种恶劣性格的表现，而是多种恶习的集中，如：懒散、愚蠢、妒忌、粗心大意、爱慕虚荣，对人缺乏了解，妄加轻视。

——布鲁雅尔

人生最重要的事，是胸怀大志和实践志向的决心，再有就是付诸行动。

——歌　德

你的第一个责任便是使自己幸福。你自己幸福，你也就能使别人幸福；幸福的人，愿意在自己周围看到幸福的人。

——费尔巴哈

科学方法所能告诉我们的，不过是各种事实是怎样相互联系、相互制约的。而想要获得这种客观知识的志向，则是人们能拥有的一种最高尚的志向。

——爱因斯坦

最危险的诱惑莫过于不为现在而活，而为未来的生活准备。未来并不属于你，因此，要记得以你现在知道的最佳方式而活。唯一必要的极致是爱的极致，这是我们来到世界上的目的，但也只能在现实中达成。

——托尔斯泰

如果你想知道某个人的价值，那就要估计他心里有什么，而不在于他随身带有什么。

——比　彻

假如这是一个高超的献媚者，那么他必定会使用最好的献媚术，即恭维一个人心中最自鸣得意的事情。

而假如献媚者具有更大的胆量，他甚至敢公然称颂你内心中深以为耻的弱点，把你的最大弱点说成是最大的优点，最大的愚笨说成是最高的智慧，以"麻木你的知觉"。

——培　根